100人100色

心の病と言わないで

メンタルヘルス・トータルサービス
「元気の種」代表
ブリーフセラピスト
服部　織江

はじめに

「生きていれば！」「生きているからこそ！」、人は様々な「困ったこと」や、時に生活を脅かすような困難に見舞われるものです。

私は、ブリーフセラピーという心理療法モデルのアプローチで、訪問専門に仕事をしてきました。そこでの困難の現場にこちらから出向き現実的な問題に直接かかわってきた経験と、専門性からの知識や情報などから、２０１２年10月からの1年半に渡り、ＦＭみしまかんなみボイスキューの「素敵な街角」のコーナーの一つ「１００人１００色」でお話させていただきました。

本書は、聴けなかった週や、もう一度！など、多くのリスナーの皆様の声をもとに、毎週の放送を一冊にまとめたものです。

ブリーフセラピストは「変化を構築する専門家」。

そんな専門家によって書かれた本書が、小さな困ったことや、大きな困っていること、抱えている悩みの、変化のきっかけとなることを願っています。

100人100色　心の病と言わないで

目次

はじめに
01　自分は変えない　7
02　自分が他人と違う意味　9
03　ストレスは付き合うもの　12
04　やっぱり人は「見た目」　14
05　「いい人」特有の病　16
06　○○オンリーは危険　18
07　原因帰属ってなんだろう？　21
08　身体の病気から疑って　23
09　「本当の自分」は一つじゃないはず　25
10　弱さが持つ「強さ」　28
11　困難を乗り越えた先のもの　30
12　ポジティブという名の暴力　32
13　願いは「覚悟」から　34
14　思いが強く空回りのときは？　36
15　ハチャメチャと自然治癒力　39
16　不安のスパイラル　41
17　自信を育む尋ね方　43
18　今の自分に役立つ考え方で　46
19　これって本当に問題なの？　48
20　摂食障害は予防できる　50
21　やる気のないとき、どうする？　52
22　「良く晴れた日」を観察しよう　55

23　夫婦げんかにありがちなアレとは？　57
24　思春期対応どっしりと　60
25　小さな変化を見つけてみませんか　62
26　子どものことで悩む時に　64
27　ストレスを説明できますか？　66
28　専門家も話を聞かねば何もわからず　68
29　五月病は脳を休ませて　71
30　男女関係の発達過程　73
31　ハマっていいものでストレス発散　75
32　「～しない」の目標はだめ　78
33　「心の病」と言わないで　80
34　「今」は未来で決まる！　82
35　疲れがとれない色々　84
36　母親の影響は何％？　86
37　危機と転機　89
38　見守るって…何すればいいの？　91
39　知ってますか？ダブルバインド　93
40　「自覚」の前置き　95
41　「性格」と決めてしまわないで　98
42　問題はこうして作られる・・・・　100
43　問題を大きくしない　コミュニケーション　103
44　これも「うつ症状」？　105
45　何度やっても変わらない時は　107
46　恐怖心を和らげるには　109
47　子どもに「うぜ～」と言われたら　111
48　現状維持だって大切　114
49　「人」と「病気」は違う　116
50　「怪獣短気ドン」と「妖怪緊張娘」　118
51　ものの見方・捉え方を変えると……　120
52　弱さは「柔らかさ」でもある　122
53　夢がなくても悪くはない　124

54 「怒る」は「願う」に 127
55 意識と無意識は多勢に無勢 129
56 悪夢の続きをハッピーエンドに 131
57 明るい妄想のススメ 133
58 すべてはまず身体から 135
59 誰にもある発達の凸凹 137
60 変化のお邪魔虫 139
61 光を見ると影を思う 142
62 今の自分が楽になる捉え方は？ 144
63 ストレスはなくても困る？ 146
64 与えられているものを見る力 149
65 目標は具体的な「行動」で 151
66 悪循環のパターンを壊す 154
67 長所が短所に―結婚のパラドクス 156
68 呼び名を変えて関係を変える 158
69 句読点がズレたトラブル 160
70 不安は先に言ったもん勝ち！ 162
71 意味は人それぞれだからこそ 165
72 コミュニケーションは「振る舞い」 167
73 頑張っていいのはどこからか？ 169
74 若い娘のダイエットに不安 170
75 コントロールできれば問題ない 172
76 変わらないものは何もない 175
77 「石」ひとつで 177
おわりに

100人100色

心の病と言わないで

01 自分は変えない

リスナーの皆様、はじめまして。この10月から「100人100色」を担当させていただくことになりました、服部織江です。今日は初回なので、ちょっと自己紹介からですね。私は普段、個人やご家族を対象に、精神的な問題についてのご相談やカウンセリング、心理療法、心理教育、復職ケアをさせていただいています。また、メンタルヘルスや子育てに関するセミナーの講師ですとか、企業様や各種団体様へ向けて、人間関係・コミュニケーションの視点からの研修の講師やコンサルタント、学校の先生の生徒対応のスーパーバイズなどもさせていただいております。この時間では、そういった私の領域に関すること……最近多いお悩みについて私が感じていることですとか、皆様の日常生活にお役に立ててもらえそうな専門家の話を、お話させていただこうと思っています。

とは言っても私、お仕事では人前でお話させてもらっているのですが、それも最近やっと微かに慣れてきたかな?ってくらいで、本来は超緊張屋さん。顔色が変わらないので伝わりにくいんですが、もう緊張で喉がカラカラに乾きます。そのカラカラに乾いている事を意識すると余計に緊張する……という感じだったので、開業当初私の話を聞きに来てくれた人には、もう一回させて！って今でも後悔しているくらいです。そして、相手が見えない中でお話するラジオというのは、全くのど素人……初体験です！　お聞き苦しいところもあるかと思いますが、苦情や批判にはことごとく打たれ弱いので、どうぞ大目に見てご遠慮いただき、代わりに「何か聞いてみたいな～」ということがございましたら、真剣にお答えさせていただきますので、どうぞよろしくお願いします。

さて、開業当初から、特に多くはないけど常に持ち込まれているな～と感じるお悩みに「こんな自分を変えたいんです」というのがあります。そうすると決まって私は「変わりません」と答えます。酷いですね～。相手は必ずと言っていいほど、「えっ」って顔をします。当然ですよね～。相談に来られる方は私に「その人を変える」「その人が変わる」ことを期待されているところがあるのでしょうね。ですが、私は「別人になってどうするの？」と思っています。今までその貴方で頑張ってここまで来た……そんな貴方が好きで関わってくれた人たちがいる……自分のこんなところが嫌いで、それを何とか補う努力があったからこそ、ここまでやってこれた……それを消そうとしたら、貴方は貴方じゃなくなっちゃう。「正しい人」「普通の人」なんて基準はないんです。いろいろな人がいて、それぞれが得意なところが、それぞれの苦手なところを補い合って、社会は成り立っているんじゃないかな～って。よく聞くあの「みんな違ってみんないい」ってそういうことですよね。だから、「私は貴方を変えることはできません。でも、それでも今までこうして頑張って生きてきた……その貴方の力を使って、そのままの貴方で生きやすくする貴方オリジナルの工夫を手に入れるお手伝いなら、できるかもしれません」とお答えしています。できないことはやれない。信じていないことはできません。

私は、人の力を信じています。その力を使って変化していく人の可能性を信じています。

では「１００人１００色」今日はこのへんで。

2012/10/04

02 自分が他人と違う意味

皆さんこんにちは！　今週はこのコーナータイトルの「１００人１００色」から「十人十色」について、お話をさせていただこうと思います。

十人十色というのは、「考え方や好みなどが、各人それぞれに違っていること」を表している言葉です。どの人もみんな一緒と思っている人はいないと思うので、これは当然のことと言っていいんじゃないかな、と思います。でも、よくお客様がおっしゃる言葉に「普通の人のようになりたい」というのがあります。「それは例えばどういうことですか？」

と伺っていくと、大抵自分が人に比べて劣っている、もしくは変わっている、みんなが普通にできることが自分にはできないということがあって、それを無くしたいということのようです。これまで随分困ってきたんだろうな～と思うと、そう思うのももちろん無理はありません。

でも、ずっと変えられないでいることが、そんなにすんなり変わるでしょうか？　だったら、もうとっくに困ってない。きっと、なんとかしなきゃ！と自分が比べている周囲の人々のようになろうとして頑張って、それでもそうなれなくて、どんどん自分に自信がなくなったり、自分を隠すようにしたり……そんな自分がどんどん嫌になって、余計に周囲と自分との差に注目してしまうという悪循環に陥ってしまうのでしょう。

でも、人がみんな同じだったら、むしろ困る。人がみんな同じ能力を持っていたら、むしろ困る。人がみんな同じことに対して、同じように考えたら、むしろ困る……もしそうだったら、人間はとっくに滅んでいたでしょう。「人と違うこと」、それは、なくてはならない大切なことです。なので「人と違うこと」を憂いても、そこに解決はないということですよね。

そこで！　同じ要領で、逆に普通以上かな？と思える自分の得意なことや、自分が変わっていることで役に立ちそうな場面を考えてみてはどうでしょう？　「そんなのない！」

っておっしゃる人もいるかもしれませんが、私に言わせるとそんなの見えていないだけです。

短気なのは「わかりやすい人」、心配性なのは「慎重な人」、落ち着きがないのは「よく気が付く人」、押しに弱いのは「人を不快にさせない人」、勉強ができない代わりにスポーツができる、絵が上手、人が苦手な代わりに一人で何時間でもいられる、すぐ怒鳴ってしまう代わりに根に持たない、すぐ泣く代わりにすぐ忘れる、無鉄砲だけど決断が速い、素っ気ないけど冷静、うるさいけど明るい……こんな風に言っていくと、結局のところ短所も長所も境界線は曖昧です。

だから私は、自分を知ることが一番大切だと思っています。自分を知って「私はこういう人です。これができません。だからそこのところは周囲のみなさんどうぞ補ってください。でもその代わり、私はこれができます。それをもってみなさんの役に立ちます」と平たく言えばこういうことなんじゃないかな～。それが、「みんながそれぞれ違う意味」……それぞれが補い合って生存していくということなんだろうと思います。それでは今週はここまで。皆さんの得意なことはなんですか？

2012/10/11

03　ストレスは付き合うもの

今週はストレスについて感じていることをお話しようと思います。

ストレスって今や子どもの日常会話にまで登場するくらい一般的な言葉になりました。一般的には「精神的・肉体的に負担となる刺激や状況」を指しています。しかもどうやら随分と悪者として使われているようです。が、ちょっと考えてみるとそうでもない……むしろなくては困るものでもありますね。

人は、逆のことがあるからいろいろなことが認識できるようになっています。例えば、達成感というのは、それまでのストレスが無くてはならない重要な要素ですし、安心感も危機感を知っているから感じることができる。自己肯定感とか自信というのも、ストレス状況を越えてきたからこそ感じることができる。ストレスはなくてはならないものなんですね～。大体、そうでなきゃ、ジェットコースターにあんなに人が並びませんよね。

じゃ～なんでストレスが悪者なのか……私はある時、ストレスちゃんの名誉のために考えました！

今、あまりにもいろいろなことの原因を「ストレスによるもの」と片付けていることが多すぎる！　確かに本当にストレスによることもあるでしょう。大なり小なり関係しているとは思います。でもそれを「ストレス」だけで片付けることは、何も片付けていないことと一緒なんじゃないかな〜って。しかも精神的な病気の原因については、ストレス脆《ぜい》弱性《じゃくせい》モデルなんて仮説があるのですが、だからこそ「ストレスに弱い人・負けた自分」みたいな印象が付きまとってしまう。

私は昔すぐ胃潰瘍になっちゃってたんですよ。入院も2回したのですが、その時、原因はストレスだから外のことは考えないように……って言われてきました。それじゃ〜仕事もできないわけですよ。でも十数年たってピロリ菌が原因だったことがわかったんですね〜。もうその治療をした途端全然へっちゃら、達成感も大好きなのでストレスも好きってことになりました。

ストレスはなくてはならないものなので、私はそれを原因にすることに、と〜っても違和感があります。ストレスは「付き合うもの」、だから解消・対処って話でいいんですよね〜。原因とすることは、その人の弱さのせいにして他を変えようとする努力をしないのと一緒。環境や状況の改善や医学的発展を遅らせることにつながっているんじゃないかな〜、と。

今週はストレスちゃんの代弁をしてみました。ストレスを可愛がり、それとの関係がこじれないように自分をモニターしながら、上手にお付き合いしていくもの……それがストレスかなっ。それでは今週はこのへんで。

2012/10/18

04 やっぱり人は「見た目」

今週はちょっと「見た目」についてお話しようと思います。

以前『人は見た目が9割』という本が流行ったのを覚えている方はいらっしゃいますか？ その本からでなくても「見た目が大事だ」ってことは、方々のことから皆様よくご存じだと思います。でも一方で「人は見た目じゃない」っていう言葉もありますよね〜。

物事には、こうした一見すると相反しているような言葉多いですね〜。

「早い者勝ち」と「あわてる乞食は貰いが少ない」とか「継続は力なり」と「諦めが肝心」とか、どっちやねん！って感じなのですが、この「人は見た目じゃない」と言うのと「人は見た目が9割」ってのも、どっちやねん！って感じですよね。

「人は見た目じゃない」というのは、見た目による偏見を戒めている言葉であって、見た目はどうでもいいとは言っていませんよね。「見た目じゃない！」な〜んて普段自分に堂々と言っていると、わかったつもりになって見なくなります。やっぱり「見た目」は大事です！　どうしてかというと、見ることをやめると、自分の頭の中だけで相手の頭や心の中をわかっているつもりになる、そうすると自分勝手な期待をする……思い込む……期待外れが起きる……不安になる……怒る……ということにつながって、人間関係が悪くなってしまうことがあります。ご夫婦なんか多いんじゃないでしょうかね〜。普段からわかっているつもりで表情や行動、色んなことを見ていない……だから何かの弾みで「そんなこと考えていたのか！」とか「全然知らなかった」「気が付かなかった」なんてことがあるのではないでしょうか。

人間関係で問題が起きたときに、よく「相手を変えたければ自分が変わる」なんて言われますが、どう変わればいいのか？は、意外と皆さんご存じないのではないでしょうか。大抵は、我慢だったり努力だったり、忘れるだったりしませんか？　あげくは、「自分はこれだけ〇〇したのに！」と、変わらない相手への否定感が一層強まっちゃったり。こういう問題は、大抵相手を理解して、それに合わせてコミュニケーションをとる……ことで解消されます。

じゃ〜、何を理解するのか？　そこには観察、要は「見た目」が重要なんです。なぜ見た目かというと、見えているのだから、思い込みになってしまう可能性が少ないからです。

何を見るのかというと、表情や顔色や姿勢や歩き方、服装や話し方、言葉使いなどなど、これらを見る・観察することによって、相手のパターンが見えてきます。

そこに合わせて自分を変えると、コミュニケーションがとっても良くなるんですね〜。観察からくる客観的な情報をつなぎ合わせて得たこと……これが相手を理解する、ということです。言われてみると難しいようで当たり前って感じじゃないでしょうか？

人間関係でつまずいたら、どこか自分の思い込みからくる勝手な期待がなかったかな？わかっていると思って見ないできたかな？と自問自答してみるのもいいかもしれませんね。

では、今日はこのへんで。

2012/10/25

05 「いい人」特有の病

今週は「病気が教えてくれること」についてお話したいと思います。

病気と言っても、お話するのは「うつ」のこと。うつの症状というのは、あらゆる病気の二次的な症状として出る可能性のあるものなので、今回はそれは除いて純粋な「うつ病」についてです。

この病気は「誰でもなりうる・誰でも治る・こじらせたら大変だから休養が大事」ということで「心の風邪」とも言われていますね。でも、私に言わせると、誰でもなりません！　うつになるには資格がいるんです。頑張り屋で責任感が強く、真面目で誠実……こういった人しかならないんですよね。いい加減で適当で人のせいにできる人は残念ですがその資格を持っていないのです。

人のせいにしない代わりに自分を責めて、人の責任まで自分の責任として考えて、人に迷惑をかけないように……人の役に立てるように、頑張りすぎたり、耐え続けたり、それが長く続いて発病してしまう……つまりは「いい人」なんです。

こういった人は、病気にでもならない限り頑張ってしまいます。病気になったことで、やっと降りることができるんです。その間、自分を大切にすること、休み方、手の抜き方、頼り方……などに自分で気が付き、工夫して、回復していきます。

その過程にお付き合いさせていただいていると、「その後の人生を自分らしく送っていけるようになるために、病気が教えてくれたんだな～」と、思うことがあります。

自分に素直に生きていくこと……これって簡単なようで、難しいですよね。本当に勇気のいることだと思います。でも、病気になることで自分をモニターするようになったり、自分のキャパを知ったり、それに対して工夫を身に付けたり……そうして素直な自分で生活を送れるようになると、その後の人生が本当に違ってきますね。

正しい対応をすれば、1年ほどで治るとされるこの病気。長い人生の中での1年、この病気のお陰で、その後の人生を送る上での大切なことを本当にたくさん教えてくれる……うつ病だけじゃないですね。病気は本当にいろいろなことをわたしたちに教えてくれます。それを知った人は、ある意味幸運なのかもしれませんね。

その時たとえ何が起こっても、どんなことになっても、生きていればゴールはどこかわからない！　生きていれば、変化の可能性は無限ですね！　というところで、今週はこのへんで。

2012/11/01

06　〇〇オンリーは危険

皆さんこんにちは！　ちょっと前まであ〜んなに暑かったと思ったら、もう最近はめっきり寒くなってきましたね〜。風邪も流行っているようですが、皆さんは大丈夫でしょうか。

今週は、役割とストレスの関係についてお話しようと思います。

働くお母さん……昔より増えてますよね〜。一昔前は、仕事を持っているお母さんの方が少なかったのに、今では専業主婦の方が珍しくなってきていますね。最近では、若い女性の将来の夢に「専業主婦」というのがあるみたいです。昔は女の子の将来の夢に「お嫁さん」って時代もありましたけど、同じ結婚でも、「専業主婦」と「お嫁さん」では、夢の意味するところは全然様変わりしているようですね。

家事、育児、仕事……って大変なイメージありますよね。特に日本の働く母親の睡眠時間って、世界一少なくて稼働時間が長いらしいです。私も子どもが3人いるので、正直大変だなと感じるときもあります。でも周囲を見渡すと、3人子どもがいながらバリバリと働いて、しかも趣味も社会活動も楽しんでいる女性って結構多いように思います。しかも、女性の過労死って、あまり聞いたことありませんよね〜。

働く母親の役割は、例えば「母親として」「職業人として」「妻として」「女として」……といろいろあります。とても忙しいのかもしれませんが、だからこそストレスをため込みにくいということも言えるようです。母親としての育児のストレスが仕事で解消されたり、仕事のストレスが妻としての家庭の役割で解消されたり、妻としてのストレスが趣味で解消されたり……と要は、ストレスが一カ所にため込まれにくい、という状況があるようです。

一方、男性はその社会的役割意識という文化的背景から、どうしても「仕事オンリー」になりやすい傾向がありますね。忙しいと特にその傾向は強くなります。仕事で何かうまくいかないことが続いたりすると、そのことだけでいつまでも頭が一杯になって、ストレスはため込まれる一方。少々億劫でも、趣味を持ったり子育てに参加したり、奥様にサービスしたり、社会活動に参加したり……ということが、実は自分を助けることにつながっていくんですよね～。

人間関係だってそうです。いろいろな役割を持つことによって、一つの場面の人間関係がギクシャクしても、それ以外の人間関係でそのストレスが発散されるってことがあるかもしれませんね～。

男性だけじゃなく、女性だって、子どもだって、み～んなそうです。「会社だけ」じゃ危険、「育児だけ」じゃ危険、「学校」だけじゃ危険……一つの場面でしか自分がいないと、それがうまくいかないとき、それが自分の中で爆弾のように大きな問題になって苦しむことになりかねません。色～んな場面、色～んな自分！持っていますか？「１００人１００色」今日はこのへんで。

2012/11/08

07 原因帰属って何だろう？

今週は「原因帰属とストレス」について、ちょっとお話しようと思います。

原因帰属……というのは、物事の原因をどこに置いているか、ということなのですが、それを自分に置く隔たりが強いと、うつ的な気分に陥りやすい……といわれています。

どういうことかと言いますとね、例えば目の前の同僚が今日はと～っても不機嫌だとしますね。それに対して「何か嫌なことがあったのかな？」と思うのは、その原因を相手に置いている場合です。でもそこで「私が何かしちゃったかな～」と、つまりは相手の不機嫌の原因を自分に置く場合もあります。そうなると「この前のミスのことかな？」「気に障ることしたかな？」「嫌われたのかな？」となって、それがますます強まると「きっと私のことで怒っているに違いない！　だって～」と悪いことばかり考え出して止まらない……。そうなるともう、相手の何もかもが気になって注目しちゃうので、悪いことばかりに目がいってしまって「ほら、やっぱりそうなんだ」となってしまうんですね～。

もちろん、もしかすると本当にそれが正解な可能性もありますし、まずは自分を省みる……とっても大切なことでもあります。でも「いろいろなことの原因をとりあえず全部自分に持っていくクセのある人」というのは、いつも自分に自信が持てなかったり、人の反応に振り回されたり、ストレスに見舞われやすい、ということになるんですね〜。

じゃ〜逆に、何でもかんでもその原因を自分以外に置けばいいのか？ というともちろんそんなことはありません。いつも不平不満を漏らし自分以外のもののせいにしても、そこから何も変わりませんよね。

要は、何かあったときに、その原因として頭に浮かんだことに対して「他の考えも浮かぶこと」、つまりは一瞬「本当にそうかな？」と考える隙間を持つ……ということが、大切なんじゃないかな〜と思います。

私の先生はいつもご自分で「私は絶対にうつにはなれない」とおっしゃっているんですけど、先日それが証明されるような面白いエピソードを聞きました。先生が講義中の身振り手振りで、つい机の上にあったコーラを吹っ飛ばしてびしゃびしゃにしちゃったんですが、途端に彼は「コーラが私にぶつかってきた！」と笑ったそうです。確かに絶対うつにはなれませんね。朝寝坊をした時に「目覚まし時計が私を起こさなかった」と思えると、そりゃ自分の失敗で落ち込むってこともないでしょうね。ま〜こんな極端ではないにしろ、人それぞれきっとどちらかの傾向を持っていると思います。目の前の物につまずいて転んだときに「こんな所になんでこんな物を置いておくんだ！」と一瞬腹が立つか？ それとも「私ってなんてドジなんだろう」と一瞬落ち込むか？　そんな日常の小さなことからでも、自分の原因帰属傾向はどうかな？と意識してみるのも面白いかもしれませんね。「100人100色」今週はこのへんで。

2012/11/15

08　身体の病気から疑って

今週は「除外診断の決まり」についてお話しようと思います。ってなんだか硬そうな話題なんですけれども～、要は、うつっぽいからといって、何でもかんでも精神的な問題のせいにしない方がいいですよ～……ってことなんです。

例えば、一般にうつ的な症状って、無気力とか興味の減退とか不眠や過眠、食欲の減退とか落ち込み、だるさが続くことなのですが、それってうつ病じゃなくても、身体の他の病気でも出ることがあるんですね～。体の病気の二次的な症状としての精神症状ってやつです。

うつっぽいからといって、すぐに心療内科とか精神科を受診したり、カウンセリングを受けようとする前に、まずは身体の病気を疑って検査をしましょう！　これは私のような仕事をしている人間にとっても重要なことです。精神疾患の診断は、最後の最後という決まりがあるんです。

私はお医者さんではありませんから診断はできませんが、だからといってその知識を持たないで、何でもかんでも内面的なもの「心の問題」として取り扱うことにも違和感を感じ、長年そちらの方面も学んできました。するとやっぱり、自称うつ病です……とおっしゃるお客様……話を聞いていると「アレ？」と思うんですね～。そこで血液検査をしてもらうと「鉄欠乏性貧血でした」とか、また「アレ？」と思って周期と合わせて問題となっている状態を観察してもらうと「ＰＭＳ生理前症候群だった」なんてことがあるんですね～。その他にも、身体の色んな病気が、精神的な症状として表れる……ということはたくさんあります。

一般的に「カウンセリング」というと、悩みを聞いて、その原因を、その人の何が問題で、それは過去のこんなことが原因で……みたいな話をしたり、聞いてもらったりして何とかするところ……みたいな、イメージなんじゃないかな～と思うんですが……ま～、私がやっている「元気の種」も、仕方なく「カウンセリング」って看板でやってますけど、でも訴えによっては、その流れで進めていくことって超危険！と思っています。「心の問題」ってメチャクチャ抽象的！その原因も、過去もメチャクチャ抽象的じゃないですか。

そうじゃなくって～「まずは現状から、確認できる具体的な情報を収集すること！」。いろいろな問題で普通なそれって、精神・心理的なことでも同じだと思っています。

自殺者の増加への対策として「心の病」が宣伝されてきました。以前に比べて精神的な病気についての認知が広まりましたね。もちろんその良い効果もあると思います。でも、何かとすぐそちらの方に飛びつきやすくなっているってこともありますよね。まずは身体の検査をすること……それってとても大事なんですよ～。「１００人１００色」今週はこのへんで。

2012/11/22

09 「本当の自分」は一つじゃないはず

こんにちは！　早いもので明日で11月も終わり。とうとう師走になりますね～。クリスマス用の飾り付けとか年賀状用のポスターや本が並んでるのを見ると、本当にあっという間に今年も終わるんだろうな……と私なんかはちょっぴり焦る気持ちを感じますが、皆様はいかがでしょうか。

今週は、「本当の私って？」ということについてお話してみようと思います。よく「本当の自分は……」とか「本当の自分探し」とかいう言葉を耳にしますよね。あたかも人の中に必ず一つ、本当の自分がいる……という前提になっているところにちょっと違和感があります。天邪鬼でしょうか（笑）。

本心と行動がかけ離れていることは、生活していたらよくあることですよね。でもそれを全て「本当の自分に嘘をついている」とは思わないですよね～。逆に、言うことやることすべて本心だったら社会でやっていけない……というものです。

でも、そこに無理を感じている場合「本当の自分じゃない」って感じるのでしょうか？あるいは自分の気持ちに自分でつい反抗してしまう場合とかでしょうか？　私はそれも含めて……どれも本当の自分なんじゃない？と思っているんです。

自分の振る舞いや考えや意見……これって、その時の環境、状況、場面……相手や相手の反応なんかでコロコロ変わりませんか？　それこそが、人の持つ柔軟性であって、そうできる自分全体が本当の自分なんじゃないかな～って思うんです。

そこに、どれか一つの自分探しをしても、それって永遠に見つからない……見つかったとして、わかったとして、きっとまた変化するでしょう。だとしたら、自分探しをするよりも「こんな場面では……」「こんな相手へは……」こんな行動をする自分、こんな風に話す自分……、というように、行動レベルで自分を理解すること……その方が、よっぽどその後に使える「自分探し」なんじゃないかな～と思っています。どの場面でも、どの相手でも、どんな状況でも「本当の自分は」と追求していくことって疲れません？　むしろ本当の自分は何人も、何種類もいた方が、生きていくためには便利なんじゃないでしょうかね～。

　私は、来週の自分も今と同じ自分かってことに、全く自信がありません（笑）。私の考えはいろいろなことに影響を受けて変わるでしょう。だから今何か問題や嫌なこと、違和感があったとしても、来週も来月も同じ内容で同じように嫌な気分でいるわけじゃない……自分はいろいろな影響を受けて変化しているんだから……。と要は全くもっていい加減なわけですが、でも、そう考えると、一つのことにこだわっていつまでもマイナス感情を抱えるってことも、最小限になりますね。

　何が正しいか？より、どう考えるとストレスレスなのか？自分の役に立つのか？……ってことが大切なんじゃないかな～と思っています。

「１００人１００色」今週はこのへんで。

2012/11/29

10　弱さが持つ「強さ」

皆さんこんにちは。本当に早いもので、今年もあっという間に師も走る12月！となりましたね〜。この先忘年会も増えたり、お仕事もますます忙しくなってくるのではないでしょうか？　私のように、今年やり残していることを焦って済ませようとしている方もいらっしゃるかもしれませんね。

そんな中、今週は「弱さと強さ」について徒然お話しようと思います。何となく「弱い」は悪くて、「強い」は良い……ってイメージありますよね。でもよくよく考えて見ると、いやそうとも言えないよな……って思いません？

自分が弱いと思っている人は、弱いと思っているがゆえの……要は「弱さ力」というのがありますね〜。例えば、弱いと思っているから無理はしない、そのために取り返しのつかないようなことにはなかなかなりにくい、とか。また、弱いと思っているから、人の弱さに寛容……がゆえに人に優しいとか、白旗を揚げることで強い人の援助を得やすいってことも言えるんじゃないでしょうか？

一方「強さ」ですが、自分が強いと思っている人は、頑張って何とかしようとすることをなかなかやめません。何とかできればそれはそれで良いのですが、ある時突然ポキッとなっちゃったりします。また、自分が強いがゆえに、人に対しても同じ努力や頑張りや気合い……なんかを求めてしまって、知らず知らずのうちに、誰かを傷つけているってこともあるかもしれませんね。

強い風にさらされた時、強くて硬い大木はポキッと折れるのに対して、細いけど風にしなることができる木は折れません。弱いからダメ、強いのがイイ！ってことではなく、自分が弱いからこそやってきたこと……やっていること……それこそ、弱さの中に秘められた強さ。強いがゆえにやってこなかったこと……やってないこと、それは強さの中に秘めた脆《もろ》さ、なんじゃないかな〜って思っています。

皆さんは、自分のことをどっちだと思っていますか？……と聞いておいて、でも結局どっちでもいいのです。どっちもいいのです。どちらも、あなたの魅力……だからこその力がそこにあるんですよね〜。「１００人１００色」今週はこのへんで。

2012/12/06

11　困難を乗り越えた先のもの

こんにちは、今年も残すところ半月となりましたね。「元気の種」は年中無休で営業しておりますし、1年を通していつが忙しいという差もあまりなくやっておりますが、皆さんのお仕事はお忙しいのでしょうね。私はむしろ、年末に向けての大掃除の方が憂鬱《ゆううつ》だったりしています（汗）。

そんな中、「100人100色」今週は、レジリエンスについてお話してみようと思います。レジリエンスって聞いたことありますか？　最近では私は今年神戸で行われた学会の災害被災者支援のシンポジウムで耳にしました。これは、一般的には「挫折や困難な状況からの回復力」とされていますが、困難や変化に対応できる「強さ」とか「折れない心」のことを意味しているそうです。阪神淡路大震災から17年が経って、当時被災した子どもたちが今は大人となり、いろいろな領域でこのレジリエンスモデルが展開されている、というお話でした。

というのはどういうことかと言いますと、家が壊れてしまったという経験から、建築士となった……火事に見舞われたことで、消防士となった、家族を亡くした経験から医師となった……のような困難な経験を乗り越えて、それを糧に生きる……社会貢献する……といったサイクルです。

私は想像することしかできませんが、すごいことですよね～。きっと私なんて足元にも及ばないんだろうな……。人の回復力だけでなく、強靭《きょうじん》な精神力や、高い目的意識、社会貢献の意識の高さ……頼もしく逞《たくま》しく感じます。

厚生労働省の発表によると、平成23年度の精神障害の労災申請件数は3年連続で過去最高を更新しています。自殺者数も1998年以降、毎年3万人を超え続けているし、不登校や引きこもりも増えていますね。中でも30代の自殺率が非常に高くなっています。そういった流れに対して、こんなお仕事をしておりますと、よく「近頃の若い者は、近頃の学生は弱いよな～！」と嘆きの言葉を掛けられます。でもその度に「そんなこと言ってもどうにもなんないじゃん」って思って「は～」としか答えません。発達した国はそれ以外の国に比べて「安全・安心・平等」です。「困難な状況への回復力」といっても、その前提となる「困難な状況」が昔に比べて圧倒的に低いのは当然なので、弱いといって指をさされてもそれは半ば国の発達の代償なんじゃないかな～と感じます。だからといって、後戻りできるものでもないので、それに対してどうしていくことがいいのか？そしてこれから日本を担っていく子どもたちに、国として国民として、どんな方向性で育てて見守っていけばいいのか?の方が重要なんじゃないかな〜。ということで、とりあえずは「何かあったらどうしよう」を頭から追い出して、覚悟をもって自分の子どもたちの困難な状況を見守ろう!むしろ積極的にそんな状況を推めなきゃ!とやっています。

そしてそれは大人にも同じ。今年も色んなことがありました。きっと来年もいろいろなことがあるでしょう。困難もあるかもしれませんね。でもそれってないと困る。自分のレジリエンスのために必要なことなんだから、と逃げずにいきたいと思います。「100人100色」今日はこのへんで。

2012/12/13

12 ポジティブという名の暴力

こんにちは!「100人100色」の放送も今年残すところあと2回となりました。時の流れというのは本当に早いですね。そう感じる中、今回は「ポジティブという名の暴力」についてお話をしたいと思います。

一昔前「ネクラ・ネアカ」って言葉が使われていましたよね。その次は「ポジティブ・ネガティブ」「前向き・後ろ向き」。その共通した意味は「積極的か消極的か」というところにあります。そしてここのところ「肯定的＝◯　否定的＝×」という社会の風潮は高まる一方ですね。でも本来、生き物には種の保存本能が備わっているので、危険を避けようと慎重になって「最悪に考える」というのは自然なことなのです。つまり「否定的」っていうのは自然現象なんです。なのに何でもかんでも「前向きこそヨシ」とする考え方というのは、本当に困難に直面している人や迷いの渦中にいる人に、あまりにも暴力的なのではないでしょうか？　もちろん、それでも前へ進むためには、現実に対して建設的に捉えることは必要なのかもしれません。でもそれにしても「気の持ちよう！」とか「前向きに考えよう！」があふれ過ぎなように感じます。

特に若者が、若者特有の悩みに真剣に向かい合うことに対して、それを「ネガティブ」「後ろ向き」「暗い」「病んでる」みたいに見る否定的な雰囲気にはとても危機感を感じます。物事の善悪は規定されているものではありません。もしかするととても貴重な問いなのかもしれないものを、ごまかして生きていくしかない……そのごまかしに身動きが取れなくなったとき、「ネガティブな自分」のレッテルから自己嫌悪・自己否定へとつながっていく……そんな循環があるように感じます。世界の矛盾や、キレイに飾った欺瞞的な言葉に問いかけることを避けれらない人……「生きるとは？」「自分とは？」「社会とは？」「世界とは？」「死とは？」……本質的な問いに向き合うことをゆるされずに、「適応」を重視するという傾向に、抵抗を感じるときがあります。悩める人々を、すべて彼らの「弱さ」のせいにするのは、あまりにも短絡的なのではないでしょうか？

「とことん反省」「とことん考える」「掘り下げる」「現実と向き合う」「迷う」……とても苦しい作業です。人がその過程で立ち尽くす辛さも受け入れて、それでもまた明日も生きる人の「強さ」を心から尊敬します。そしてそこで得たどんな答えもまた、尊いと思います。「勝ち組」「成功」「夢」「成熟」って、何をもって言うのでしょう？　そしてどの時点で言うのでしょう？　「ネガティブ・後ろ向き」……夢が持てなくても、目標が定まらなくても、進めなくても大いに結構！なのではないでしょうか。最後に今悩んでいる人たちへ……今年ももうすぐ終わろうとしていますが、焦ることはありません。人生、ゴールはどこかわからないのですから。「100人100色」今週はこのへんで。

2012/12/20

13　願いは「覚悟」から

こんにちは！　「100人100色」とうとう今年最後の放送となりました。この数日後には初詣などで「新年の誓い」もしくは「新年のお願い」をする人も多いのだろうな……と思いまして、今週は「覚悟」についてお話しようと思います。

とか言いながら、実は私は「心」とか「神」とか、形がなくて確認できないものをあまり信じないんですよね。でもそれでもやっぱり、神棚とか神社とかで神前に立つと、何だか有り難くなって手を自然に合わせたくなります。そこでよくお願い事をする方って多いんじゃないでしょうか?

私は「感謝と覚悟」を神様にお伝えするようにしています。そして「覚悟と引き換えに、願いが叶う」ものだと勝手に思っているんですね~。ま~大体、手を合わせただけで無条件で願いを叶えようだなんて、そもそも図々しい話じゃないですか。私の解釈も勝手な解釈ですが、でも自分に生かされていれば、立派な解釈だと思っています。

そこで「覚悟と引き換えに願いが叶う」の根拠ですが、何も神様が直接具体的に何かをしてくれる、っていうのではなく、例えばゲーテ……え~ヨハン・ヴォルフガング・ゲーテですね。こんな風に言っています。ちょっとご紹介します。「基本的な真実がある。それは、人が確実に決断した瞬間に、摂理もまた動き始めるという事実である。全ての物事が、かつてなかった方法で、その人を助け始める。決断から、もろもろの大きな流れが始まる」と。素敵ですね~。思ってても見なかったキッカケやご縁、摂理が動く。なので「私はこれを叶えたい！そのために私はこれこれをします！どうぞ見守ってください！」という風に覚悟を伝えます。

そして、そこで大切なのは、いつも「未来像」「解決像」「具体的イメージ」ですね。そして途中で迷ったり困ったり、壁にぶち当たったときの自問自答もこれ「どうなればいい？　どうしたい？　今何ならできる？」と。

皆さんは、来年はどんな1年にしたいですか？　今年とどんなことが違っていたらいいでしょう？　それが今と違うと皆さんや周りの人にどんないいことがあるのでしょう？　そのために何ができるのでしょう？　最初の一歩はどんなことなんでしょう？

今回まで13回の放送になります。聴いてくださった方々今年はありがとうございました。新年の放送は1月10日の木曜日からとなります。来年も「１００人１００色」をどうぞよろしくお願いいたします。

皆さんの来年が、素敵な1年となりますよう、お祈りしています。

2012/12/27

14　思いが強く空回りのときは？

こんにちは！　２０１３年も、今週より「１００人１００色」の放送が始まりました。

今年も「100人100色」と「元気の種」とこの服部織江をどうぞよろしくお願いします……のっけからお願いし過ぎですね（笑）。

さて、新しい年が始まりましたね！　今週からお仕事始め、通常モードとなった方が多いのではないでしょうか。きっと今が一番、新しい年に向かって気持ちを新たに頑張ろう！と張り切って、やる気も上昇している時期かもしれませんね。でも、張り切ってはいるものの、思うようにいかず、それに対して「早くもこう？」って困難なことや問題にぶち当たっている方もいらっしゃるかもしれませんね。張り切ってはいるけど、報われていない感に陥るってことも無きにしもあらず……の方もいらっしゃるかも……。でも1年まだ始まったばかり！　これから長丁場です。頑張ろう、頑張ろうと、何だか空回り……とか、なんか思った通りに運ばないな……とか、ヤケに疲れてる、お正月ボケかな……とか、そんなときは「逆説の法則」っていうのを知っているといいかもしれません。

例えば………頑張らなきゃと思えば思うほど、思うように動けない、とか、気分を良くしようとすればするほど、気分が悪くなる、とか、どうすれば人に好かれるかばかり考えていると、嫌われているような気がする、とか、緊張するまい、不安になってはいけないと懸命になればなるほど、不安になる、とか、食べようとすればするほど、食べられなくなる、寝なきゃと思えば思うほど、眠れなくなる、何とかしようとすればするほど、何ともならなくなる、みたいなのってあるんですね〜。思いが強いと空回り……って感じですね。

じゃ〜そういう悪循環ってどうすればいいのか？　そういうときは、反対のことをするんです。一見それって解決策じゃないじゃないって思う方もいらっしゃるかと思いますが、じゃ〜今まで解決のために良かれと思ってやってきたことって、結局うまくいかなかったことじゃないんですか？　それをもっともっとやってもドツボにはまるだけだと思います。だったらうまくいかなかった今までと違うことをする……これ自然ですよね。

ということで、地球の自転のごとく、どうしようもないことはどうしようもない！と、とりあえず放っておくことや、思い切って逆のことをしてみる……そうすることで今までと何かが変わってくることがあります。悪循環の切れ間を作るんです。

私は、そういったことが柔軟にできる女性を「見限り美人」、男性を「棚上げ紳士」と勝手に呼んでいます。勢い余って空回り……息切れしないよう、時に「見限り美人」と「棚上げ紳士」も素敵だと思います。「100人100色」今週は、このへんで。

2013/01/10

15　ハチャメチャと自然治癒力

こんにちは！　1月も中旬になると、今年初めて会った人に「明けましておめでとうございます。今年もよろしくお願いします」とあいさつをするのもめっきり減って、新年モードもそろそろ終わりの頃でしょうか。

年末のテレビを見ていると、結構昭和に流行《はや》った音楽やドラマなんかが放送されてましたよね。昭和生まれの私としては、懐かしい思いで眺めてました。そこでふと、当時と比べて最近の子どもや若者って、何だか真面目だよな……と感じまして、そこから今週は「憂さ晴らしと自然治癒力」についてお話しようと思いました。

人っていうのは、現実生活に行き詰まりを感じたとき、子ども返りをすることで自然治癒力が発揮されるときがあるんですね〜。子どもだった時・若者だった時に、くだらないんだけど楽しくてしようがないことに夢中になったりしたことってありませんか？　そこに意味があるかなんてお構いなしに、今考えるとハチャメチャやったこととか。

「退行」という言葉があるんですが、それって「困難な状況や混乱に立ち至ったとき、行動が発達上の初期の状態に戻ること」なんですね。つまり、現状に行き詰まったとき、その退行をすることによって自然になんとか乗り越えられるようになることがある、というのが、「退行の自然治癒力」なんです。

でも、くだらないけど楽しくてしようがない、意味のないことに夢中になった経験がないと、「退行」しようとしても、どこに戻るのかがわからなくて、全てが今の現実生活とつながっちゃってる……要は逃げ場がない、って人が多いな〜と感じます。

そして、今の子どもたちって、結構成長過程の早い段階から「意味のある活動」に従事していることが多いですよね。小さい頃から塾とか知育とか、習い事とか「これをしておいた方がいい」とかにあふれている。そのまま青年期になっても、意味のないことを楽しんで憂さを晴らせない、ハチャメチャができない、もしくはしない若者が多いな〜と、自分の中高生の子どもたちを見ても、またお客様と関わる中でも感じています。

現実と離れることで、それを外から眺められるようになります。そうすると「どうしよう、どうしよう」が「どうすればいいかな」になったり、「ま〜いっか、何とかなるか」になったり。でも、子ども時代のくだらない経験をしていない人はその逃げ場がないゆえに、いつまでも行き詰まりの現実から離れられない、逃げ場がないんですね。保守的であることももちろん必要ですが、でも、人生そう淡々とは行きませんよね。

そんなときのために、「くだらないことに熱中すること」や「意味はないけどなんだか楽しいこと」という経験も、と〜っても重要です。皆さんはいかがですか？「憂さを晴らそう」と思ったとき、どこに退行しましょうか？ そのときに一旦戻って、何をしましょうか？

「100人100色」今週はこのへんで。

2013/01/17

16 不安のスパイラル

こんにちは！「100人100色」今週は「不安と思い込み」についてお話しようと思います。

否定的な感情って様々ありますけど、この「不安」という感情は、人のストレスに占める割合が非常に多い、むしろ中核をなすものだと言ってもいいかもしれません。

「不安」が強いと、強い分だけ誤った結論に飛びつきやすくなって、自分のためにならない思い込みが強くなります。人は理由を考えずにはいられない生き物なんです。なので「えっ？なに？」「えっ、なんで？」って体験をすると、「もしかして、〜かも」というのが頭に浮かびます。

それが一瞬頭に浮かぶと、その考えに合うような証拠が目に付いたり、その考えに合うように情報を歪めて解釈したり、その考えに合わない情報を見なくなったりして、結果、その考えが正しいっていう確信が一層強まってしまうんです。

例えば、会社の同僚にあいさつしたけど無視された、というとき「えっ、嫌われたのかも」と理由が頭に浮かぶと、普通に振る舞っているその同僚がちょっとでもため息をついたり、何かに集中して自分と目が合わない時間が長かったり、たまたま他の人と約束があって早く帰っても、全部「嫌われている」に結び付けてしまうんですね。で、嫌われていたわけじゃなかったかもしれないのに、よそよそしくしたり、顔色を伺ったりして、結局嫌われて「ほら、やっぱり」となる。オレオレ詐欺なんていうのでも、冷静に考えると明らかにおかしいのに、「もしかして、〜かも」と一瞬考えたがために、情報を歪めて解釈して変なことに気がつかない……こういった傾向をうまく利用していますね。あと、真夜中窓の外からカサカサって枯葉が踏まれているような音がするとき、「なんだろう?」って息を殺して音に耳を集中させますよね。そこで「猫だなきっと」だったら問題ないのですが、普段から不安を抱えていると「〜かも」「〜だったらどうしよう」となって、その音がどんどんそれに合うように聞こえてきて、恐怖に震えて朝まで眠れなくなる、とか。

こういう傾向は、普段抱えている不安があればあるほど度合いが高くなります。不安を解消しようと誤った結論に飛びつくことで、一層不安が高まる……悪循環ですね。

4年前に発表された研究では、都会と農村をお散歩してきた後、都会を散歩してきた人の方が、その後否定的な結論に飛びつきやすかったという結果が報告されています。

ここのところ増加しているといわれる心の病では「人の脆弱性」を理由に挙げる声も多いですけど、発達した社会は不安に満ちています。人の弱さのせいにする以前に、まず不安の少ない社会とか環境とかっていう基盤そのものも問うのも大切かもしれません。

でもとりあえずしようがないので、不安を生活から無くそうとするのではなく、代わりに「安心した時間」「ホッとできる時間」を生活に増やそうとすること……これが大切ですね。「100人100色」今週はこのへんで。

2013/01/24

17 自信を育む尋ね方

こんにちは！ リスナーの皆さんの中には、お子さんを育ててらっしゃる方や、指導に携わっている方もいらっしゃるのではないでしょうか？ ということで、1月の最終日の今日、今週の「100人100色」は「相手の肯定感・自尊心を育む会話」についてお話してみようと思います。

子どもっていうのは、連続した物語としてのストーリー記憶がなかなか蓄えられない、ブツッブツッとした記憶が蓄えられている傾向にあるんですね。

で、これは子どもに限らず、人は生活の出来事について語るとき、「力の物語」を語り直すと、その経験の逞しさが強くなって、肯定感とか自信が強化されるものなのです。

なので、子どものいろいろな体験の記憶を、親や関わる大人が影響を与えることで「力の物語」として記憶を貯蔵させて、自己肯定感や自尊心を育むことが可能になります。

じゃ～どうやって？ってお話ですが、例えば子どもが友達と喧嘩してふてくされて帰ってきたとき、大抵の親は「どうしたの？　どうしてけんかしたの？」って聞きませんか？

これは原因の追及ですね。そうじゃなくて「けんかして帰ってきたのに、どうして泣かないで帰ってこれたの？」と訪ねたらどうでしょう？　この質問によって、この出来事は途端にその子の「お手柄」に変身です！　そして、その質問に答えることによって、肯定感や自信が湧いて記憶に蓄えられるのです。

もう一つ。例えば、子どもが宿題を忘れて先生に居残りさせられて落ち込んで帰ってきました。大抵の親は「だからいつも言ってるでしょ！」とか「なんですぐ忘れるの！」みたいな声をかけるんじゃないでしょうか？　でもそこで「それ言っちゃ、ママに叱られるってわかってるのに、なんで隠さず話してくれたの？」と尋ねるとどうでしょう？　途端に「正直な自分の物語」が出来上がります。

私は、良くない出来事に対して「なんで〜なの？」っていうのが嫌いなんです。「なんで片付けられないの？」「なんでお前はそうなの？」「なんで勉強できないの？」「なんで素直じゃないの？」って、これ本当に疑問を尋ねる質問でしょうか？　ただ単に、いかに相手がダメかを言わせようとしている言葉ですよね。

「褒めて育てる」って、そんなのみんなわかってる。でも毎日毎日褒められるようないいことばかりなわけがないじゃないですか。そういうときの解決がこれです！　尋ねるべきは「なんで〜なの？」じゃなく「どうやって〜できたの？」なんです。

子育てだけなく、大人の関わりのなかでも、相手の尊厳を尊重する素敵な声かけだと私は思っています。いかがでしょうか？　早速今日から試してみませんか？

「100人100色」今週はこのへんで。

2013/01/31

18　今の自分に役立つ考え方で

こんにちは！　2月最初の「100人100色」今週は「人の持つ柔軟性」についてお話したいと思います。

例えば、人って困難の最中でそれを何とか耐えているとき、「～だからいいじゃないか」「～だからまだ大丈夫」とか「～だからまだマシ」というように「与えられているもの」に自然と目を向けて、崩れてしまわないようにする術をもっていますね。グラス半分の水を「半分しか入っていない」から「まだ半分も入っている」に変えていくんです。左手を骨折したとき「右手じゃなくて良かった」とか、車を建物にぶつけてしまってたくさんのお金がかかっても「人にぶつけたんじゃなくて良かった」とか。

このように、置かれた環境や状況に合わせて、世界の見方を変える……これは人の持つ柔軟性、とても素晴らしいシステムだと思っています。健康だからいいじゃないか、明日食べるものに困ってないからいいじゃないか、生きてるんだからいいじゃないか、というように、辛い中にも与えられているものに目を向けるって素敵な力だと思いませんか？

だからきっと、いろいろと苦労してきている人っていうのは「感謝の気持ち」を感じやすく、優しく、そして強いんだろうな〜って思います。

哲学者エピクテトスの言葉にこんな言葉があります。「私を困らせているのは、その事柄自体ではなく、私たちがそれに対して抱く考え方である」と。要するに自分が決めているってことなんですよね。今自分が見て感じていることは全部、自分で選んだ見方、感じ方、考え方。

そして自分で決めているってことは、つまり私たちは「選べる」ってことですよね。コップ半分の水をどう見るか？　私たちは自分で選んでいいんです。客観的で完璧な見方とか考え方ってのがどこかにあるわけじゃないんですから、辛いときは、今自分が見ている世界の見方を疑って変えちゃっていいんじゃないでしょうか？　グラス半分の水の量は変わりません。でも、何かが変わるはず。

そんなのごまかしだとか、一時しのぎだとか、思う人もいるかもしれませんね。でも、「正しい考え方・捉え方」っていうのは決まってないじゃないですか。だったら「今の自分に役に立つ考え方・捉え方」の方が、よっぽど使えるんじゃないでしょうか？　根本的な解決とは言えないかもしれなくても、捉え方次第でしのげる……動ける……一歩前へ進める……それによって解決に近づける。私たちはそうなるように、予め柔軟性が組み込まれています。「なんでもポジティブに〜！」と言っているのとは、ちょっと違うんです。

「私たちは、選べるんだよ〜、選んでいいんだよ〜、どう捉えるかは自由なんだよ〜」って事をお伝えしたい。時に自分を甘やかして、適当でもいいからそのとき自分に役に立つ考え方・捉え方をもって、自分に優しくってのもいいかもしれません。

「100人100色」今週はこのへんで。

2013/02/07

19 これって本当に問題なの？

こんにちは！　今日はバレタインデーですね〜。私なんかはひねくれているので、クリスマスと一緒で「意味がわからない」と思っている、夢のないヤツなんですが、でも一応社会に適応している（と思っている？）人間なので、流れにならって家族やお世話になっている人に用意しました。

そんな今日は「問題」ってことについてお話しようと思います。問題っていうのは、その人や周りの人が問題と定義したら問題となるんですね〜。例えば勉強が苦手な人がいるとします。それって問題でしょうか？　問題だとすると誰の問題なんでしょう？

本人が「勉強ができないことは問題だ」とか、周りの誰かが「それは問題だ」と思ったり感じたりしたら問題ですが、「勉強ができなくても、別のことで自分は皆よりすごいかもしれないぞ」とか「その程度じゃまだまだ大丈夫」と思っていいんだ」って本人が思っていたり、周りの人が「その程度じゃまだまだ大丈夫」と思っていればそれは問題じゃ～なくなりますよね。

例えば私、実は思ってもいないことが言えないんですね～。大人ですから、多少の飾りをつけた褒め言葉とか感謝の言葉とかは言えるんです。でもそれって多少なりともそう感じているときだけなんです。全然そう思ってないのに言わなきゃならないような場面になると、何を言っていいのかわからなくなって極端に無口になるんです。これって、問題でしょうか？　きっとそういった場面のときに一言も口がきけなくなったら、きっと不自然ですから自分にとっても周囲にとっても問題となるかもしれませんね。でも極端に無口になるとはいえ一応何かは言うので、私はむしろそれを「自分は嘘はつけない正直者のところがある」って自分に甘い解釈をして全然問題視してないんです。というかやっぱりそこでも「長所と短所は同じ」なんですね～。

思ってもいないことが言えないのは正直者、何でも考え込んでしまうのは慎重な人、いい加減はおおらか、神経質はきちんとしている、感情の起伏が激しいのは分かりやすい、大人の顔色ばかり伺うのは協調性が高い、逆に協調性がないのは自分の考えに忠実とか、大人しいのは考え深い人、落ち着きがないのは行動力がある……みたいに。うっとうしいだって「人を寂しくさせない」って立派な長所を持っています。ホントきりがありません。人の持つ特徴に、そもそも最初から「問題」があるわけではないんですね。全ては個性、見方によっては長所、使われ方によっては魅力！　そう思っています。

「１００人１００色」今週はこのへんで。

2013/02/14

20　摂食障害は予防できる

こんにちは！　今週は私が最近心配になってきていることについてお話させてもらおうと思います。皆さん摂食障害って、聞いたことありますか？　拒食症とか過食症という方が耳に馴染みがあるかな？　最近お客様を含めた私の周囲に本当に増えているな～と感じて、調べてみたところやっぱり増えているんですね～。過去20年間で10倍で、後半の５年間だけで5倍ですって。しかもこの数字は進んで医療機関にかかっている人の数字なので、実際にはもっと多いだろうということなんです。一時アメリカとかヨーロッパでも問題になって、日本ではちょっと遅れてからの増加なんですが、でもその増加のスピードは欧米をやや越えているってことなんです。

でも、まあ~想像はつきますよね。明日食べるのにも困っているような国に摂食障害が増えるわけないですもの。文化的に成熟した国には半ば現代病として避けられないのかもしれません。私なんかは昭和の人間なので、昔のアイドルといえば結構みんなポッチャリしていたわけです。でも今のアイドルとかモデルさんって、みんな細いですよね~。足なんかほんとにスラ~っとして長いし。若い女の子が憧れるのもわかりますよね~。私だってうらやましいです。でもだからと言って、この「痩せ賞賛文化」どこまでいくんでしょう。ダイエットブームで商品や情報はあふれています。まだ精神的に発達途中の子どもや若い女の子がそんな中にいたら、真面目で頑張り屋さんの子は、過剰なダイエットによって摂食障害になってしまうのも、仕方ないのかもしれません。実はこの病気、精神疾患の中でも「食行動の障害」なんですね~。

行動の障害ってことは、生まれつきじゃないってことですよね。だから私は最近「この病気についての知識を予めちゃんと持っていたら、予防できるのに」って思ってるんです。危険性とかキッカケとか、摂食障害になってしまってコントロールがきかなくなる前に知って、過剰なダイエットをしない代わりに健康的なダイエットを!ということを、こういった発達社会なら予防的に教えてあげなきゃならないんじゃないかな~って。インフルエンザにだって予防接種があったり、どうしたら予防できるのか?のノウハウはたくさんいわれるじゃないですか。他のいろいろな病気だって同じですよね。摂食障害もこれだけ増えてるんだから、何か手を打たなきゃいけないんじゃないかな～、って思っています。

このラジオを聞いてくださっている方にもお子さんを持ってる方、いらっしゃるかと思います。とりあえず予防としてご家庭でできることを……今はネットで情報を見ることができます。どうぞ摂食障害について色々ご覧になってみて、そのことをお子さんと話し合ってみてください。「あ～なんだって」「こ～なんだって」ってご家庭で予め会話をして親子でいろいろ考えて、それを共有しておくことを是非ともおすすめします。そしてもし親子で詳しく知りたいわ～って方がいらっしゃいましたら、どうぞ「元気の種」の方にご連絡くだされば、そういったことでの親子面接も承ります。

「100人100色」今週はこのへんで。

2013/02/21

21 やる気のないとき、どうする？

こんにちは！ 2月最終日の今日は「体からのサイン」についてお話させていただきます。

うつ病を患ってしまった方の、そこまでに至る生活状況や環境を伺うと「そりゃ、そうなるさ〜」って感じることが多いんですね〜。「病前生活」っていうんですが、やっぱり相当頑張ってるっていうか、無理してるっていうか、我慢しているんですね〜。しかも結構長期間にわたって。で私が感じるのは「あ〜、病気にでもならないと止まらなかった、止まれなかった」んだよな〜って。でももしそのままの生活を続けていたら、うつ病にならなくても何らかの病気になってただろうな〜って。

というふうに思うと、やっぱりそのうつ的な症状というのは、むしろ発動された「人の自然治癒の形」に見えるんです。体が、本人が気がつかない警告をしてくれている、つまりは、有効に作動している証拠だって。

そう思うと、うつ病に限らず体って本当に正直者ですよね。不調を感じたら「あれ？」と思って熱を測ってみたり、早めに寝てみたり、病院に行ったり……と、体のサインによって行動しますものね。でも明らかに体の不調だったらそうするのに、それが「気持ちの不調」の場合は皆さんどうでしょう？　例えば「やる気がわかない」とか「どうも気持ちがどんより」とか「なんとなく気力がない」なんてときはどうしていますか？

でも大抵はそれでもお仕事があったり、やらなきゃならないことがあったりしますから、気合いでなんとかしようとしちゃいますよね〜。そして休日に気分転換に何かしてみようかなってな感じに思ったりするんじゃないでしょうか？　でも「やる気がわかない」とか「気力がない」なんてのも、体のサイン……ん〜脳のサインだとすると、やっぱりそれを感じたら何か対応した方が良いわけですが、往々にしてありがちなのが、「そんな自分を責めて、気合いを入れようとする」なんですね〜。でも脳は「気合い」とか「意志の力」なにかを求めていると思いますか？　確かに一時的には何とかなるかもしれません。その何とかなる……というのは、何とか無理やり奮い起こして行動しているうちに、脳に正の強化因子がキッカケとして起こったことによってであって、もしそんなキッカケがなければ、大抵は繰り返します。じゃ〜どうするのがいいのでしょう？

やっぱり「やる気がわかない」「気力がない」ときは「何もしない」というのがいいんですよね。やらなきゃならない最低限のことだけにして、外的なパフォーマンスレベル……ようは活動や行動のレベルは下げる。そして脳機能が低下しているのですから、脳を休めるのが一番なんです。それってやっぱり「何とかしようとして考える」とか「焦る」とか「心配になる」「自分を責める」というのは休まってませんよね〜。いくらベッドやソファーにゴロゴロしても。「気持ちの不調」を感じたとき、「考えないようにする」という禁止の暗示はなかなか難しいものなので、その代わりに「脳を休める」ということを意識して努めてほしいと思います。要は「ドーン！と覚悟して放っておく」ってことなのかもしれません。「100人100色」今週はこのへんで。

2013/02/28

22「良く晴れた日」を観察しよう

こんにちは～！　3月ですね～！　晴れの日なんか何だかウキウキした気分になるのは私だけでしょうか？　でも春と言うとまず「春眠暁をおぼえず……」なんて言葉が連想されたので、今週は「睡眠」についてお話しようと思いました。

ま～当然のことなんですが、睡眠って体にも気持ちにもとってもとっても重要ですよね。私もお客様へはいつも「食べてますか？　眠れていますか？」はその訴えのレベルを測る一要素として必ずお伺いしています。良い睡眠が取れていれば、ある程度の体や精神的なことのリセットが図れるように人はできていますからね。でもその睡眠が思うようにいっていない……となると、いろいろなことがリセットされずに蓄積されていくし、体も脳も疲労して行きますよね～。

睡眠の障害のパターンには三つあって、一つはまず「寝つきが悪い」ってヤツ。次は「途中で何度か目が覚めてしまう」ってヤツで、最後は「早く目が覚めてしまう」ってヤツです。「目が覚める」というのは、覚めてもまたすぐ深く眠れればいいのですが、大抵はそのまましばらく眠れないんです。そうするとホントキツイですよね～。

その理由が例えば「頻尿である」とか「お腹が痛い」「腰が痛い」という体の理由なら病院へ行くっていう対応が先になりますが、そうでなくて、例えば「悪夢を見る」とか「何だか気持ちが焦って目が覚めちゃう」とか「なかなか覚醒して寝付けない」みたいな精神的な理由の場合、なかなかその「寝ようとする」「寝なきゃと思う」ということ自体が悪循環を生んでいたりします。「今夜も眠れないんじゃないか……」って予期不安もいけませんね～。それに対して病院ですと「催眠導入剤」を処方してくれたりしますよね。色んな種類のお薬があって、それぞれその人の困っている睡眠のパターンや生活時間に合わせて選択されます。でも、まぁ、そこまでに至らないとしてももし困っているときがあって心配だという方は、「なんで眠れないんだ」とか「寝るための大いなる努力」をするんじゃなくて、ちょっと過去でもこれからでも「良く眠れた日」を観察してみてください。いつもの眠れない日とそんな日は、前後にどんなことがいつもと違っていたのでしょうか？　よくよくそんな日を見てみると、ホント些細なことで改善されることもあるんですよ～。例えば、「夕食とお風呂の順番が逆だった」とか「寝床が違ってた」とか「カーテンを変えたら」とか。あと「ベッドの周りを家具で囲んでみたら」とか、あと若い人は、ベッドの上でいろんなことをする方、多いじゃないですか。本を読んだりゲームをしたり……って。なので「寝る場所」として切り離されてないんですね。そういう方は、床に布団を敷いたら寝付けるようになった、なんてお話もありました。

睡眠で困っている方は、「どうして眠れないんだろう」「どうしたら眠れるんだろう」って深く考え込んでしまう前に、まずこれからや、最近に「良く眠れた」ってときの観察をオススメします。因みに私は有り難いことに、いつもお休み3秒！　いつ寝たのか？　記憶喪失うくらいストンと眠りに落ちて、寝ている間に地震があっても震度4までは気がつかないっていうある意味危険な睡眠生活をしています（笑）。「100人100色」今週はこのへんで。

2013/03/07

23　夫婦げんかにありがちなアレとは？

こんにちは〜！　ホワイドデーだからってわけではないんですが、今週の「100人100色」は「夫婦・恋人同士のけんかのときのコミュニケーション」についてお話しようと思います。

「意見の交換」とか「議論」とか「訴え」とか「批判」とか、それだけでいうとカップルの会話って建設的じゃないですか〜。でもそこからお互いが感情的になって話がもつれていくコミュニケーションには、ある一つのパターンがあるんですね〜。

よく観察すると気がつくんですが、「話の送り手・受け手・内容・文脈に関する情報」というのが、曖昧になっているんです。専門用語ではそれを「ディスクオリフィケーション」っていうんですが「脱文脈コミュニケーション」とか「コミュニケーションの逸脱」とかとも呼ばれています。

ちょっと難しいかもしれないのですが、例えばこういうことです。奥様が旦那様に「隣の奥さんが、あんたが浮気してるんじゃないかって言ってるんだけど」と言ったとしますよね。そこで旦那様が「あんたって、お前そのいい方なんだよ！　お前はいつも言葉遣いが悪い！」って怒ったとします。全然噛み合ってませんよね〜。こういった文脈が最初からずれているコミュニケーションというのは、この後もどんどん話がずれていって、しかもどんどん感情的になって、そして疲れるんです。でも、こういったコミュニケーションって、近しい人同士には結構あふれてませんか？　「トイレが汚れたから、掃除しておいたぞ」と旦那様が言ったとします。そこで奥様が「私だって忙しいのよ！」とか。「どうして最近電話くれないの？」って質問に対してその理由を答えるのではなく「なんで自分でしてこないんだよ！」と怒ったり。

こういった内容や文脈がずれるコミュニケーションが頻繁で、建設的な話し合いが阻害されているような状況にあるときは、どうすればいいのでしょう？

それには「相互作用レベルを下げる」のが有効なときがあります。人と人は、言葉そのものの他に、視線や表情や声のトーンや大きさ、全体的な態度からも色んなメッセージを受け取って影響を受けたり与えたりしてるんですね～。そのお互いの影響のレベルを下げるんです。それってどういうことかというと「リビングと台所みたいに、視線が合わないように話す」とか「電話にする」とか「メールにする」とか「手紙にする」とかってことなんですね～。もうこんがらがっちゃってどうしようもない……ってときは「手紙」ってかなり有効です。相互作用レベルとしては、かなり時間的にも距離的にも低いメッセージツールですよね。

カップルで口論になったときに、ちょっと観察してみてはいかがでしょうか？　この「ディスクオリフィケーション」ありませんか？　そう考えると、夫婦げんかもちょっとは楽しみに……ならないかっ（苦笑）。「１００人１００色」今週はこのへんで。

2013/03/14

24　思春期対応どっしりと

こんにちは！　ほとんどの学校が卒業式や修了式を終えて、春休みに入りましたね。新学期に向けて親御さんは、きっといろいろ期待があったり、あるいは心配だったりなんじゃないでしょうか？　ということで、今週の「１００人１００色」は、思春期についてお話しようと思います。

皆さんご存じのムツゴロウさん♪　彼は理学博士でもあり動物学者でもあるんですね〜。例えば彼は、思春期を脳の第二次の変革期と指摘しています。というのは、人間の脳の場合思春期に細胞が増えることで脳が膨れるっていうんです。ニューロン、神経細胞が伸びて新しい回路ができる……この時期の脳は、たくさんエネルギーを必要とするって。だから、思春期ってのは、たくさん食べるし、たくさん寝るんですね〜。

我が家にも17・15・13歳と子どもがいますが、時間を制限するものがなかったら、放っておくと本当に「生きてる？」というくらい、延々と寝ています。

で、このときの新しい回路っていうのは、今までの個人の既成概念に対して、かなりアンチを含むらしいんです。なので、既成のものに対する反抗心が生まれるってわけなんですね。コロコロ変わって不安定なのも、反抗的なのもわかりますね～。

だから親も、これまでとってきた対応と違った対応が求められるというわけなんです。

でも頭じゃ思春期だし……とわかっていても、逐一反抗的だったりすると、腹が立ったりイライラしたり……疲れる方もいらっしゃるだろうし、けんかになる方も……また心配になる方も、あと多いのが振り回されちゃう方というのもいらっしゃるかもしれませんね。

そこで！　思春期対応の原則ってのをご紹介しまーす！

まずは、子どもの行動を「許せない行動」と「減らしたい行動」と「増やしたい行動」の三つに分けます。許せない行動をしたときは、断固として厳しい態度で注意します。

そして、減らしたい行動は相手にしないようにします。その代わり増やしたい行動には、大いに注目します。気をつけなければならないコミュニケーションとして、まず「先取りをしない」。これはつまり親が先に「転ばぬ先の杖を用意しない」ってことですね。次に「責任転嫁をしない」ってことです。親の意見なのに「世間では」とか「社会って」って言い換えないということですね。最後に「無視しない」ってことです。口も達者になりますし、揚げ足を取られたり面倒だから、親の都合が悪いからといって黙り込まない、ということ。この三つのコミュニケーションは気をつけてほしいなと思います。

どうでしょうか？　まぁ～とにかく不安定で反抗的であればあるほど健常な発達なわけ

です。反抗的って見てわかりやすくていいじゃないですか。反抗的なほど自立心が強い表れですし、この先の安定のために今不安定なわけですから、親御さんはドーン！と構えていらしていいってことかもしれませんね。

「100人100色」今週はこのへんで。

2013/03/21

25 小さな変化を見つけてみませんか

こんにちは！　3月も末……本当に早いですね～と感じるのは私だけでしょうか？　子どもの頃って、1日も1週間も1カ月も、もっと長かったような気がするんです……ってことは、年？ってことでしょうか。イヤイヤ単純にそれを認めるのって悔しいので「あまりにも充実してるからこそ、時間が過ぎるのが早い！」ってことにしておきましょう！

さて、今週の「100人100色」は、変化についてお話しようと思います。

辛いとき、苦しいとき、キツいときは、あたかもずっと続くような気になりますよね。何とか解決しよう！っていろいろ試みたりして、でもうまくいかなくてやっぱりダメ……とか。ましてや、その途中ちょっとでも楽になりそうだ……終わりそうだ……なんて期待して、でもやっぱり……な～んてことが何度かあったりすると、もう絶望的な気持ちになったりしますよね。

そういうときって悪いこと、あるいは変わらないことばっかりに目がいきがちなんですね～。でも、時間が流れている以上変わらないことは何もないんです。こうしてしゃべっている間にも、私は悲しいことに着実に老化していますし、カチッカチッって時間が刻まれるようにありとあらゆることが変化しています。

そういった中、例えば毎日憂鬱な気分だ……とか、やる気がわかない……とか、毎日眠れない……とか、いつも夫婦げんかばかりしている……とか、そういったことも同じなんですね～。いつも問題ばかりなように見えて、必ずしもいつも同じじゃないんです。

これはシステム論での「ゆらぎ」のようなものなんですが、変化はすでに、そして継続的に起きているんです。でもその変化が小さいがゆえに、大きな問題状態という安定した状態に取り込まれて抑え込まれてしまうんですね。だから、全体としては何も変わってないように感じちゃうんです。

どんなに何も変わらないように見えても、必ずそこにいつもと違う何かがあります。問題がなかった日、なかったとき……いつもだったらこうなのに、その日はたまたまなんともなかった……とか、いつもよりマシだった……とかって小さな変化を観察してみてください。その変化って、いつもとどんなことが違っていたから起こったんでしょうね～？小さな変化を大きくするために、その違いをも～っと大きくしてみませんか？

「100人100色」今週はこのへんで。

2013/03/28

26　子どものことで悩む時に

こんにちは！　4月ですね～！　新年度というか、お子さんがいらっしゃる方は新学期ですね！　ということで、今週の「100人100色」は、今お子さんのことで悩んでらっしゃる方へ、お話させていただこうと思います。

人というのは、何か問題が起こるとその原因を究明したくなりますよね。お子さんのこともそうです。不登校の問題も例外じゃありませんね。

一般的なのが、子育ての失敗とか、家族関係の問題とかって捉えること。でも実はそれは問題とあんまり関係ないんです。関係あると見ようとすれば見えますけどね、何でも。問題の全くない家族なんてあるでしょうか？　アラを探そうと思えば、どんな家族だって問題の一つや二つでてくるじゃないですか。

むしろそのことで、親御さんが自分を責めて落ち込んだり、家庭内で責め合ったり……で解決を遅らせるってことになりかねません。なんてったって過ぎたことは取り返しがつかないし、だいたい家族関係もそんなに簡単に変わるもんじゃないですよね。

他にありがちなのは、お子さんの性格とか考え方の問題にすることですね。周囲や家族からそうして責められることで、お子さんは自責的になったり、ますます自信がなくなり、元気がなくなって、解決を遅らせることになりかねません。だいたい性格もそう簡単に変わりませんよね。それに、何も問題のない性格ってあるんでしょうか？　どんな性格でも、問題を探そうとすれば出てくるもんじゃないですか。それを今の問題と関連付けることもしてほしくないな～って思うんです。

じゃーどうすればいいのよ！って来ますか？　ですよね。

原因を探して責めたり、責め合ったり、落ち込んだりする代わりに、今とこれからにちょっと目を向けてほしいんです。最悪のときに比べて今のちょっとしたことでもいいです。どんなことが良く、あるいはマシになってますか？　それは何が良かったからなんでしょう？　お子さんのいいところはどんなところですか？　それが垣間見えるときって、どんな場面なんでしょう？　そんなことをちょっと考えてみてください。その考えに、これからどうしたらいいかな……ってヒントが隠れている……かもしれません。

「１００人１００色」今週はこのへんで。

2013/04/04

27 ストレスを説明できますか？

こんにちは！　新年度や新学期もスタートして、春の暖かい陽気の中、皆様張り切って過ごされてらっしゃる頃でしょうか？　お仕事での部署の異動とか、転勤されてらっしゃったとか、初めての就職、新しい学校、新しいクラス……ワクワクやドキドキな反面、知らず知らずにストレスがたまってるかも……って方もいらっしゃるかもしれませんね。

ということで、今週の「１００人１００色」は「ストレス」についてお話しようと思います。

「ストレス」っていう言葉って、私が子どもの時には、ほとんど耳にしたことがなかった言葉だったんですが、私だけですか？　私、今40ン歳なんですけど、同年代の方どうでしょう？　子どもの時に耳にしていましたか？　でも今は、小学生でも「それってストレスよね〜」とか「最近ストレスたまってて」みたいなこと話していたりするくらいですよね。嫌なことや辛いこと、緊張や不安……全部一まとめに「ストレス」って言葉で言えちゃうくらい、広く一般的……むしろ頻発される言葉になってますよね。

でも、具体的に明確に「ストレス」って何者なのか⁈をご存じの方っていらっしゃらないんじゃないかな~って感じるんですけど、どうでしょう?

人の体っていうのは、恒常性が維持されてるんですね。体温とか血圧とか心拍数とか。こういった体の中の環境ってのは、常に一定に保たれてる……でも、何らかのことがあって、その安定した状態が保たれなくなった状態、これを「ストレス」って言うんです。で、その何らかのことがあって……の「何らか」ってのを、ストレスを引き起こす「ストレッサー」って言うんです。でも何もマイナスな意味とも限らないんですよ。緊張感とか達成感とかだって、ストレスなんです。

で、ストレッサーによって、どうやってストレスの反応がでるかって過程には、二つあるみたいで、一つは皆さんもご存じかなって思うんですが、脳の視床下部から自律神経系を通って血管とか心臓とかに作用するって過程ですね。で、もう一つは、これは私も実は最近知ったんですけど、ホルモン。ストレッサーが大脳皮質で処理されて視床下部にいって、そこから副腎皮質刺激ホルモンが血液中に分泌された副腎皮質にたどり着いて、そこからグルココルチコイドってホルモンが出て、肝臓とか筋肉に作用するんですって。ってか、なんだかややこしいですね。何もややこしいことが言いたいんじゃなくて~、漠然と

「あ～、ストレス」って感じて否定的な感情をため込んでいくよりも、たまにそういうときに、体の中でこういったことが起こってるんだな～、って自分の体の変化をモニターしようとする、そう捉えて見るってことで、ちょっとは客観的になるというか、一旦冷静に見れるというのかな、そういったことっていいんじゃないかなって思ってます。

客観的になると、次は「だからこうしてみよう」って自分への対処へ視点が向いていくものですよね。良くも悪くもある「ストレス」、これはなくなることはありません。うまくお付き合いしていくもの、なんですね。「100人100色」今週はこのへんで。

2013/04/11

28 専門家も話を聞かねば何もわからず

こんにちは！「100人100色」も昨年10月からの放送で今週で28回目になるんです。いつも日常生活の中で「あっ、これお話しよう」とパッと思ったことを覚えておいてお話をさせていただいてるんですね。先日お客様に「先生、なんでそんなに私のことが予測できたんですか？」って質問されたんです。そういえばと思って今日はそのお話をしてみようと。

このお仕事……ってラジオじゃないですよ、本業の心理療法の方ですが、それを人に言うと、よく「見透かされてるようで嫌だな〜」とか「何でもお見通しなんでしょ」とか言われちゃうことが多いんです。それ結構嫌なんですけど、その度に私は「人はわからないということが一番わかっているのが、専門家なんだと思ってますよ〜」ってお答えしているんですね。だからこそ真剣に話を聞くし、相手のお役に立てるような情報を教えてほしくて真剣に質問を選ぶわけです。

よくテレビとか本とかでも「心理学的には……」みたいなことでいろいろなことが解説されたり、分析されたり、言い当てて面白がったりしてますよね。雑誌の心理テストとかも、美容室でついやっちゃうんですけど。でも、もともとは心理学というのは人の刺激と反応についての学問です。医学は「原因—結果」の因果律、その前提は「人は全て同じ存在」なんですけど、心理学にも結局はこの前提が入ってない？って思っちゃうんです。だから、目の前の人の問題解決って意味じゃ、私は心理学は知っていても、あんまり……というかほとんど頭にないんですね〜。

人の感情というのは、それぞれの体験とか、それをどんな風に取り入れてきたかで違うし、全ての人にとって「体験」は違うし、その体験をどう自分の中で構成するかによって、価値観とか違うじゃないですか。みーんな、頭の中で構成されてる物語は違います。だからこそ、相手の話を真剣に聞くんです。よく「疲れませんか?」って言われることがありますけど、疲れません。専門家だけが知ってるような知識で、自分勝手に頭の中で相手の話を評価しながら聞いてないからです。「知らないからこそ、教えてください」なんですね。教えてもらわにゃ～困っちゃいますから。

そのお客様が質問した「どうして予測ができるのか?」ですけど、逆に、予想外の相手の反応というのは、こっちが相手の反応とか行動に対して過剰な期待を持ってるからこその「予測」。でも「人の反応」がいかに多様性があるか、人それぞれかを信じていれば、その反応についていくことしかできません。その「ついていく」ということが自然なとき、きっと相手に「予想」してたように思えるんじゃないかな～と思っています。ま～、いろんな考え方の専門家がいらっしゃいますから、それこそそれも人それぞれですね。

ただもし、カウンセリングとか心理療法とか受けてみたいけど「見透かされて何を言われるか不安」とか、「どう思われるか心配」と感じている方がいらっしゃる、もしくはそういった経験がかつてあった……という方がいらっしゃったら、そんなことないのにな～と言いたかったたってお話でした。「100人100色」今週はこのへんで。

2013/04/18

29　五月病は脳を休ませて

こんにちは！　もうすぐ5月ですね、ということで、今週の「１００人１００色」は、五月病についてお話させていただきます。

五月病というのは、5月、特にゴールデンウイーク後に陥りやすいってことで、こういった名前で言われてるんですが、そもそもそれって、何者?って話なんです。4月から入学とか、入社とか、転勤とかで新しい環境に入って、ヤル気を持って頑張ろう！として頑張っていたところに、イメージと現実とのギャップなんかで、やる気をなくし、無気力に陥っちゃって元気がなくなっちゃう……という感じの状態像をそう呼ぶんですよね。

学生だとスチューデントアパシーとか言われたり、社会人だとサラリーマンアパシー。研修後実業務に入ってしばらくして……というところでは六月病といわれたりします。精神医学でいう適応障害というのに該当するんですけど、何もそれって5月や6月に限らず、新しい環境に入ったときにはいつでも誰にでも起こる可能性のあることなんです。

じゃ～具体的にどんな状態なわけ?なんですけど、やる気がわかない・好奇心がわかない・体が重くてだるい・眠れない・起き上がれないとか、強い自己嫌悪とかで、これってうつに似てますね。

そういった兆しがあるときに、こんなハズじゃなかったのに……と焦って、気合いが足りないとかって人と比べて自分を責めたり……余計落ち込んで悪循環のドツボにはまっちゃうこと、多いんですね〜。

でも、焦るよりも「これって、五月病ってヤツかもな?」と思って、まずは、最低限の行動だけでヨシとして、他は休んじゃうってことが大事なんです。こういうときは、焦ったり、心配になったり、たとえ体を休ませていても、脳は休んでないことが多いんですね。なので、焦らずなるべくあまり考えないようにすることも大切です。

そんな風にして様子を見て、それでも1カ月くらいたっても回復しなかったら、病院に行く……という感じになります。

生きていればいろんなことがあるし、起きるし、こういった状態になっちゃうことって、多かれ少なかれあるじゃないですか。いや、たまにこういうのがあるのがむしろ普通じゃないかなって思います。ただ、外に出さないだけで、気分の浮き沈みは誰にもありますよね。だから、それでいいんです。自分を責めたり、人と比べたりしない。常に前向きでエネルギッシュに!なんて、無理ですから〜! 「100人100色」今週はこのへんで。

2013/04/25

30　男女関係の発達過程

こんにちは～。５月になりましたね！　ゴールデンウイーク前の木曜日、連休に楽しみなことを計画されてらっしゃる方は楽しみに、あるいはお仕事によっては繁忙期で「頑張るぞ～！」ってな感じでしょうか？

ご夫婦でご旅行とか、恋人とデート、なんて方もいらっしゃるかもしれませんね、ってことで今週の「１００人１００色」は、男女のカップルの関係を「発達」の視点からお話してみようと思います。

恋は盲目とか、恋の病……と昔から言われてますが、それって他者からの視点だとそのように見えますよね。でも当人はそうは思ってない……至って真剣！なんてことが多いんじゃないんでしょうか？

大抵のカップルは、まず出会ったその関係が維持できるか？　あるいは一層良い関係になれるか？　淡い淡い期待を持ってますよね。時にそれは悲しくもはかない淡い淡い期待だったり（笑）。

めでたく期待が叶ったとしてその第一段階！　それは情熱的な段階で、盲目的な段階です。うーん、うらやましいですね（笑）。で、何をもって「盲目」とするのか？　それは、お互いにまだよく知らない二人は、自分のことを良く見せようとして相手が望むような自分でいるよう相手に合わせる、そして、相手の好きじゃないところ、良くないところはことごとく小さく小さく見積もって、好きなところ、いいところは、大きく大きく見ようとする……そうなると現実的な知覚が相手に対して働いていないわけで、はたから見るとそれはもう「恋の病中」。人の言うことにもあまり耳を貸さない……あるいは言われれば言われるほど情熱的になる……という段階なんですね。

そして第二段階は、ある程度信頼関係ができてくると、リラックスして二人は自然に行動するようになります。その時点が、相手を受け入れられるか？　隔たりを作ってしまうのか？の分かれ道となります。この段階では長く行き詰まることもあります。

さらにそこを越えると、カップルは情動的な親密さを持った関係に発達します。情動的な親密さっていうのは、自分だけでなく相手の幸せにも関心を持って努力をする……といったような関係です。この段階に真の関係が作られて発展していくのですね。そうなると、お互いの違いを無くそうとしたり、相手を変えようとしたりしないで、互いの違いに関心を持つようになります。この段階では「二人は違うけど、でもそれを受け入れて、それでもあなたが好き」というのが何となく伝わるような態度や行動になるわけです。もうここでは「自分の希望通りの相手でいてくれる時だけあなたが好き」っていうのから卒業ですね。

どうですか？　カップルやご夫婦の方、こういった視点で自分たちの関係を眺めてみるっていうのも、いいかもしれません。「１００人１００色」今週はこのへんで。

2013/05/02

31　ハマっていいものでストレス発散

こんにちは！　ゴールデンウイークも終わって、休み明けのお仕事の忙しさや、お休み疲れなんかからも落ち着いて、通常モードといったところでしょうか？　それって私のことですが（笑）。今週の「１００人１００色」は「依存症」、その基準についてお話をさせていただきます。

依存症というと、薬物、アルコール、タバコ、ギャンブルや、昨今では買い物とかって浮かびますよね。で、自分でも量や回数が多くてだめだよな〜って、わかっちゃいるけど、ついついそれをしないと落ち着かないとか、やめられない……なんてとき「依存症かも……」と、チラっと思ったことのある方も少なくないんじゃないかな〜って思います。ですが！依存症というのは精神疾患の一つ、ってことは病気の一つってことですよね。ということは他の精神疾患と同じように「どこからが病気？」っていう基準がやっぱりあるんです。

例えば、いくらやめられないからといっても「寝る前に缶ビールを一本飲まなきゃ眠れない」で、病気でしょうか？　まずアルコールや覚せい剤を含む色んなお薬、ニコチンやカフェインなどの依存症は「物質依存」で、それは、①希望の効果を得るためにたくさん必要で、体に耐性ができちゃってその物質の効果が減っている　②離脱症状……つまり切れたときに何らかの症状が出る　③だからそれを避けるためにまたそれを摂取する　④初めより長く大量に摂取する　⑤やめようとしても欲求がとまらないあるいはやめる努力が失敗する　⑥そのものを得るために費やす時間が長くて、回復までの時間も長い　⑦それによって他の活動に支障をきたしている　⑧体や心の問題が出ているとわかっていても続ける……、ということの三つ以上が起こっていると、「物質依存」ですよってことになるんですね～。

じゃ～パチンコ依存は？　物質じゃないけど……って今どなたか質問しました？　いい質問です！……って私は誰としゃべってるんでしょう（笑）。それは、したいという衝動を抑えられない……ってことで「衝動制御の障害」ということになるんです。中でも一般にいわれるパチンコ依存やギャンブルをやめられないのは「病的賭博」って分類なんですね〜。これは、①常にそれにとらわれている　②それをするためにどんどん額が増える　③それをやめようとしても常に失敗する　④それを抑えようとすると、イライラして落ち着かなくなる　⑤日常の問題から逃避、回避する手段としてそれをする　⑥そのために嘘をつく　⑦そのために、非合法的な事をしたことがある　⑧そのために、人間関係や仕事などを失う　⑨そのために他人にお金を出してくれるように頼む……、ということで、病気ですよってなるんですね。なんだか昼間から暗い話になっちゃいますので、やっぱり最後には「そうならないためには」ってお話をしなくちゃ！ですね。

生きていれば辛いこともあります。そんなときは普段より一層一瞬の快楽にハマりやすいので、発散や解消の方法は、予めハマっても大丈夫！なものを選んだ方がいいですね。ひたすら縄跳び！とか、一心不乱にお掃除？なーんて（笑）。

「100人100色」今週はこのへんで。

2013/05/09

32 「〜しない」の目標はだめ

こんにちは！　あと2週間で、もう２０１３年もあっという間に半分ですね。つい最近「明けましておめでとうございます！」って言ってた気がするんですけど……私だけでしょうか？　ということで、今週の「１００人１００色」は、目標作りの最低条件についてお話しようと思います。

私の仕事の場で、お客様に「どうなるといいでしょうか？」っていうようなことを伺うと、自分の「問題」についてはは会話が進むのに比べて、意外とどうなったらいいのか？についてはイメージされていない方が多いものなんですね。

中でも多いのが「〜しないようにする」「〜をやめる」という、いわゆる否定形の目標なんですね。例えば「イライラしないようにする」とか「緊張しないようにする」とか、それって「しないように、しないように」と、日頃頭にありますから、結局は「考えてんじゃん！」ってことで、「していない」満足感とか達成感っていうのはいつまでも得られない。解決したような気にならないんですよね。

だからやっぱりそういった目標も、肯定的に言い換えなきゃ叶えられないんです。

しないようにすることができたら、何が違ってくるんでしょう？　それをしない、やめる代わりに、何ができるといいでしょう？どうできるといいでしょう？っていうように。「太らないようにする」とか「夜更かししないようにする」というのも、太らないようにするために何をするのか？　夜更かししないために何をするのか？　具体的な行動に置き換えないと、結局は悶々として進まないし、進んでるって感触もいつまでも得られないし、そしてうまくいっていたとしてもどこでどれだけいつ叶ったかもわからない……。

具体的な行動に置き換えるってとっても大切です。「勉強頑張る」「仕事頑張る」じゃ～ダメです。もし結果が思わしくなくても「頑張ったもん」って言い訳もできちゃうし（苦笑）。「勉強を頑張るために～をする、そのことによってこうなる！」「仕事を頑張るために～をする、そのことによってこうする！」。どんな目標でも、肯定的に、しかも行動に置き換えて設定することが、大切ですね。

今年の下半期、皆さんはどんな目標をもって過ごされますか？　「１００人１００色」今週はこのへんで。

2013/05/16

33 「心の病」と言わないで

こんにちは～。もうすっかり暖かくなって、夏の到来を感じさせますね。札幌生れの私は、こちらに来てもう18年になるんですが、それでもやっぱり暑さにめっぽう弱いままなんですね～。寒くない？って聞かれながらも、既に半そで着用です。

今週の「100人100色」は、私が外でメンタルヘルスのお話をさせていただくときに、大抵一言言わせていただいている「うつは心の風邪」というコピーについての反論……これについて一部お話させていただきます。

だいたいですね～私、精神的な病気の症状として表れているものに対して「心」って言葉が使われることに、実はいちいちチクッとくるんですね～。心って、使われ方によってとーっても広かったり狭かったり曖昧だったり、実態のないものじゃないですか。

「うつは心の風邪」……。風邪って表現はいいと思うんです。「風邪と一緒で誰でもなりうる・風邪と一緒で治る・風邪と一緒でこじらせると厄介だからしっかり休養しましょう」ということなんですけど、でも「心の」ってのが、がっかりなんです。

「心の病」というのも、とても残念な言葉だと思っています。何気なく、当たり前のように使われている言葉ですけれども、これって結構弊害を感じてきました。今までいろんな精神疾患が徐々に医学的に説明可能になってきています。てんかんだって、以前は精神疾患だったんですけれども、今はそのメカニズムが解明されているので神経疾患です。つまりは「心の病」じゃなくて「体の病」ということですよね。別に「心を病んでいる」というわけじゃなかったってことです。でも、「心」としちゃうと、なんだかその人全体が病んでいるというような印象がしませんか？　もっと強く言うと「弱い人」とか「負けた人」とか。病気なんだったら、目で見て困っているその事柄は「症状」ですよね。発熱している事柄が風邪による症状であるというように。なぜうつ症状がでるか？は神経伝達物質で説明可能ですし、平たく言えば脳機能の低下であって、別に「心」が病気になっているわけじゃないですよね。第一「正しい心」や「正常な心」とは何なんでしょう。「心」はその人の全体を表すので、私は常に「病気」とは切り離してほしいと考えています。

例えば「やる気がわかない」というのは「心が弱いから」「心が病んでいるから」じゃなくて「やる気がわかないという症状が出ている」みたいに、その人の全体から切り離してほしいものです。「心」とするから、そのあり方を悪いものとしてその原因を過去に探そうとする……そこまで頑張って生きてきた事実さえ否定されはじめる……なんかおかしいですよね。だったら「風邪と同じで誰にでもなりうる」って矛盾してるじゃないですかインフルエンザみたいに、誰でもなりうるから予防と知識と対処が必要！　これ、うつだって一緒ですよね。せめて「心の風邪」じゃなくて「脳の風邪」にしてほしかったな〜と思っています。今患っている方がいらっしゃいましたら、大きな声で言いたいです。「あなたの心は決して病んではいない！」って。「１００人１００色」今週はこのへんで〜。

2013/05/23

34 「今」は未来で決まる！

こんにちは！　あっという間に月末ですね。というか、いつも何でもかんでもなんだかあっという間に……じゃないですか？　そう感じているのは私だけでしょうか？

今週の「１００人１００色」は、未来水準という聞きなれない言葉ですが、それについてちょっとお話させていただきたいと思います。

皆さん、今って、過去によって規定されているって思ってますか？　私は、未来によって規定されるって思っているんです。もちろんどちらが正しいとかって話じゃなくてですよ。今からこの先をどう捉えているかによって、今の考え方や行動が決まるんだって思っています。

例えば、今日のランチは12時きっかりにあそこのラーメンを食べよう！っていう未来を考えていると、それに合わせた今の行動……間に合うようにテキパキするとか、楽しみに仕事を進めて時間があっという間に過ぎるとか。でも、これが「今日は12時きっかりにラーメンを食べなければいけない」だったらどうでしょう？　間に合わせるために焦ってイライラしちゃうかもしれませんね。あるいは「今日は12時きっかりにラーメンが食べたい……でもそんなの無理に決まってるだろう」だとどうでしょう？　希望はあるけど諦めて行動はしない、ってことになるんじゃないでしょうか。例えが変ですか？　実はラーメン大好きなんです。それはともかく、こんな風に、未来に対してどのように捉えているか？によって現在の行動が規定される……そしてそれには実現の可能性に影響を与える捉え方のレベルがあるんですね〜。

まずは第一未来水準……これは、現実のいろんな事情に縛られている「〜しなければならない」という未来です。

次に第二水準……これは「〜したい」「〜しよう」ですが、これは「でも、〜だからできない」という考えがくっつきがちです。

そして最後に第三水準……これは「絶対〜する」「こうできる、こうなるに、決まってるでしょ」っていうやつです。絶対結婚するんだ！　絶対満点とるんだ！　絶対！って未来に対して思っていると、当然叶うわけですから、既に、もしくはすぐ具体的な行動を起こすってわけなんですね。だから、実現可能性……望んでいる未来が叶う、もしくは近づくわけです。明日は絶対いい日！　明日はいいに日に決まってる！　って未来を捉えている人は、例えば楽しみだから今機嫌良く、事にあたっているとか、明日を楽しみに早く寝る……だから次の日は体調万全で気持ちがいいとか、みたいに具体的になんらかの変化が既に起きています。

どうでしょうか……今は未来によって決められているっていう考え方。

過ぎたことは変わりません。今うまくいかないいろいろを、その原因を過去にもっていかないで、これから……明日……来年……10年後の未来をキラキラとイメージしてみませんか？

「100人100色」今週はこのへんで。

2013/05/30

35　疲れがとれない色々

こんにちは！　6月と言えば梅雨！　ジメジメして蒸し暑くてホント嫌ですよね〜。なんだか体も気持ちもスカッとしなかったり。今週の「100人100色」は「疲労」「疲れ」についてお話させていただきます。

慢性疲労はよく聞く言葉ですけれども、疲れてるなら休めば取れるんじゃない？　それでもとれないってことは、もっと休めばいいんじゃない？と思う方がいらっしゃるかもしれませんね。でも慢性疲労っていうのは休んでもなかなか疲れがとれないってことなんです。そんな風に、疲労には「休めば疲れがとれるもの」というのと、そうじゃないものがあるってことなんですよね。

休んでもなかなか疲れがとれないっていうのは、ストレスが原因の疲れである場合が多いんです。ストレスにさらされているときに出る物質があるんですけど、それが脳のある神経伝達物質の合成を低下させちゃうんですね〜。そうなると脳内で情報伝達がスムースにいかなくなって、だるいとか、集中できないとかってなるんで、疲れてる〜という感じになるんです。

それが過剰になると、その治療にはお薬とか漢方薬とかビタミン剤などがあります。そこまでいってなくても、今はいろんなリラクゼーションの方法が言われてますよね。

でも、もっと日常的にいつでもどこでも誰とでもできる方法があるんですよ〜。緑の葉っぱの香りの成分もそれと同じように脳の疲労回復にいいんです。「青葉アルコール」とか「青葉アルデヒド」とかいう成分なんですけどね。散歩療法なんてのもあるくらいですから、自然の力って本当に素晴らしいですよね〜。幸いここ静岡県はどこにでも緑がありますよね〜。しかも一年中。私は元々は札幌出身ですから、一年中緑がある、それがいかに素敵なことかってのは本当に身に染みて感じています。

朝起きてなんとなく疲れが取れていない気だるい感じがするな〜って思ったら、外に出て深呼吸ってのもいいかもしれないし、お仕事での移動中にちょっと公園によってみるとか、緑たくさんの道だったら、ちょっと車を止めて「青葉アルコール」「青葉アルデヒド」を吸い込む、つまり深呼吸するっていうのも、ちょっとした一工夫としていいかもしれませんね。「100人100色」今週はこのへんで。

2013/06/07

36　母親の影響は何%？

こんにちは〜。先日パソコンを使っていて目に留まったんですが、6月の検索キーワードの1位って何だと思いますか〜？「父の日」だそうです。明々後日ですね！

何月何日って決まってるんじゃなくて、6月の第三日曜日って決まってるので、私なんかは全然覚えなくて、毎年お店の何かに書いてあるのとか、ポスターなんかを見て「そういえば父の日だ!」な~んて気がついてます。先月が母の日に今月が父の日……ってことで、今週の「100人100色」は「遺伝子」が絡んだお話をしたいと思います。

性格って、その人の環境とか学習とか経験で作られてるって感じですよね。でも研究によるとその50%が親からの遺伝子に左右されてると言われてるんです。じゃ~その他の50%って何なんでしょう?

実は私、最近色々な精神的な病気についてテレビで放送されるようになっているのを見て、そこで「母親との関わりが原因でなるナニナニ」ってサラッと言っちゃってるのを耳にして、いちいち「えっ?」って引っかかるんですね~。そりゃ~母親はメチャクチャ影響力ありますよね! 影響を与えていて当然です。でも、じゃ~遺伝子50%の残りの50%も親?と思って調べてみたんです。その人の性格というものに、どこまで親の関わりの影響があるんだろうって。双生児研究、あっ食べる方じゃなくて双子の方です。その研究からその残りの50%の数字が出てました。こういう研究ですからもちろん誤差が大きいってことで、誤差が10%くらいあるんですけど、その他は友達とか先生とかっていう人間環境と、胎内での感染とか出産時の外傷なんかの物理環境が30%くらいなんですね。で、その

「母親との関係」ってのはなんと5～10％なんです！　全体の一桁～！ってちょっとビックリじゃないですか？

私も3人子どもがいるので、この数字、ちょっと悲しい気もします。でもお仕事の場面では、お子さんのことで困難を感じてらっしゃるお母様は、みなさんまず「私の育て方が悪かったのかもしれません」っておっしゃいます。「私のせいで」ってご自分を責めてらっしゃるお母様、更に「お母さんが～だから」って色んな場面で責められた経験もお持ちだったり……。精神的、肉体的な虐待などはもちろん別として、どんな子育てだろうと、ほとんどの親がその子に良かれと思っての関わりだし、そこに絶対正しい方法もないじゃないですか。お母さんだって人間だし、育児書通りにいくわけがない、ロボットじゃ～ないんですから。それぞれの環境や事情の中で頑張って育ててきたのに……「母親のせいで」って言いきるの、悲しいですよね。社会的要因とか、文化的要因とか、教育制度的要因とか、財政的要因とか、いろいろ考えられるのに。あの人の性格は、なんでそうなの？とか、精神的な病気になった原因とか、その理由を考えることに興味がありません。だって、考えても答えは絞れないし、絞っても本当かわからないし、それを考えると大抵誰かが悪者になっちゃいますよね。遺伝子をはじめ、いろーんな原因が複合的に絡み合ってるんだし、それって偶然というのとあんまり変わりないんじゃないのかな？って思ってます。皆さんはどう思われますか？　今週はこのへんで。

37　危機と転機

2013/06/14

こんにちは〜。いつもお話させていただく内容っていうのは比較的すんなり浮かぶんですけど、本題に入る前の他愛ない前置き……例えば、暑いですね〜とか、今だったら6月といえばジューンブライドですね……みたいな話が、実は私、とーっても難しかったりするんです。ということで、今日はそれとなーんにも関係ない話……危機、クライシスについてお話します！

クライシスって、辞書だと分かれ目とか、峠とか、危機となってるんですよね。まさに運命との出会い！の時点で、うまく通過して運が開けるか？　あるいは転落するか？っていう分かれ道。日本語の危機という言葉も、危機の最初の危って字は、不安を表していて、次の機って字は転機を表してる……まさに大きく飛躍するときとも言えますね。

それで、その危機って、どこから危機……なのか？という話なんですけど、困難な事態に直面すると、習慣的な解決方法でまず事態を何とかしようとするわけなんですが、それでも克服、あるいは解決できないときに感じる状態、ここからが「危機」なんですね〜。するると人は動揺します。そりゃ〜そうですよね。それで何とかしようっていろんな試みをするわけです。

そこから新しい経験とか解決方法に出会って、以前とは違う新しい世界に入っていく……だから転機。ピンチはチャンスってやつですね。

でも、それをチャンスとはとてもいえない結果になるときってありますよね。確かにあります。でもいつも私が思ってるのは、「ゴールはどこかわからない」ということなんです。時間の流れをどこかで切り取ってるとそりゃ今はうまくいってない……最悪だ……ってことありますよね。でも、もーっと長い時間で……切り取らずに眺めると、やっぱり今がゴールとは限らない。つまりは、その先にどんな結果が待っているかはまだわからないんです。そう、命さえあれば。

生きてさえいれば、どこで何が起こるかわからない……最悪だって感じる今も、時間が流れてる以上は、いつまでも最悪かはわかりませんよね。苦しいときは、いつまでもそれが続くような……抜け出せないような気持ちになりますよね。私もそうです。そんなときには、何がピンチはチャンスだ！って思うし、チャンスに変えられない自分が情けないって感じます。でも、危機的な状況の今、自分はどこにいるのか？　そんな視点でたまに一歩距離を置いて眺めてみるのも、いいかもしれませんね。「100人100色」今週はこのへんで。

2013/06/21

38　見守るって…何すればいいの？

こんにちは！　なんでこう早いんでしょ……もう数日で7月ですよ！　服部、年のせいか、季節の移り変わりに敏感になりました。寒い冬から徐々に暖かくなって、陽射しの温かさとか、樹々が芽吹く感じ……新緑の美しさ……そしてもうあっという間にギラギラした夏が！です。早いですね～。

あっという間な時間の流れと反対に、人が困難に直面している時によく口にされるあの「見守りましょう」「見守ってください」「見守るしかないな」ってヤツ。それって、何とかしたいと思っている人にとっては、結局のところ何をするのか？という答えになってないよなっていつも感じています。しかもいつまでかもわからないし……。相手との距離が近ければ近いほど、見守るように言われるのは、辛いこと。そんなときに、一体いつまで？一体どうやって？という苦悩を感じた経験のある方もいらっしゃるんじゃないでしょうか？

時の流れは早い！でも、待つ時間は長い。

「見守る」って一体何をすることなんでしょうか？

お仕事でご家族にお話させていただくときに、私は、このように考えているとお話させていただきます。見守るというのは、そう簡単にはいかない「人の変化」というものに対して、無理にそれを促さない……要するに「待ってるから、大丈夫だよ」という姿勢を行動や言葉で表現することなんですって。そこから例えばこんなときはこんな行動、とか、こんなふうに言う、とかっていうのを話し合ったりします。

人は、何とか変えたくて、何かしようとしたり、言ったりしたくなるものです。大切な相手だとなおさらですね。でも、大切だからこそ、それを我慢するよ、そして待ってるよ……って姿勢そのものが、相手の変化を信じているよってメッセージとなるんですね〜。

見守るって、変化を信じることです。だからこそ、自分の何とかしたいって衝動を抑えられることなんです。見守るって、何もしないことじゃないんですよね。やっぱり何かしてる……しかも広くて深い愛のある行為だと感じます。「１００人１００色」今週はこのへんで。

2013/06/28

39　知ってますか？ダブルバインド

こんにちは。とうとう7月になってしまいました！　私は今から18年前に三島市に引っ越してきたんですけど、元々は札幌生まれなんですね〜。18年もこちらにいたらいい加減暑さになれそうなものなんですけど、三つ子の魂百まで！っていうのは本当だな〜と毎年思います。やっぱり暑さは厳しい……キツいですね〜。でも頑張りま〜す！

そこで、かなり無茶ブリなんですけど、キツいってことから、今週の「100人100色」は「ダブルバインド」についてお話しようと思います。

「ダブルバインド」って言葉聞いたことありますか？　「二重拘束」ということなんですけど、こういったコミュニケーションの状況下に置かれると本当にキツいですね〜。

どういうことかというと、立場が上の人から二つの矛盾した命令を受け取ったとき、その矛盾を指摘することも許されなくて、どちらかの命令に従わなくちゃいけない……でもどっちに従っても叱られたり裁かれたりするんです。そうなると、その命令を受け取った人は身動きがとれなくなりますよね。前にも後ろにも進めないし、自分で考えることもできなくなる。でも、こういったダブルバインドの状況というのは、大なり小なり結構あふれてるんです。

お仕事の場面なんかで、上司の指示に対して自分の裁量で考えて行動すると「事前に相談しろ！」と叱られて、じゃ〜念のために事前に相談すると「そんなことも自分で判断できないのか！」と叱られる……などというのも、「え〜だってこの間は相談しろっていったのに〜」なんて言えないし、身動きがとれなくなってしまいますよね。組織にもダブルバインドありますね〜。「接客には絶対に手を抜くな！」という命令と「回転率を倍にしろ！」というのも、どちらに従っても叱られる……でもそれを指摘できないっていう場合とか。「自主的にやりなさい！」って命令にもダブルバインド隠れてますよね〜、だってその命令に従うこと自体がもはや自主的じゃないってことですから。

小さな子どもにとっては親という存在は上位の存在ですから、家庭にもダブルバインドありますね〜。「グズグズしてないで、早くご飯食べちゃいなさい！」と言っておいて「絶対にこぼさないで食べるのよ！」っていうのとか、ありがちじゃないですか？「しっかり勉強していい大学に入りなさい！」と言っておいて、「勉強ばっかりしてないで、外で遊びなさい！」とか。「なんで〜できないの？」って質問に、ちゃんと答えても怒鳴られるし、だからといって黙っていると「なんで黙ってるんだ！」と怒鳴られる……これもありがちですね〜。小さな頃から「おいで」って言っておいて、寄っていくと突き放される……だからといって行かないと怒鳴られる、みたいな。こういったコミュニケーションに日常的にさらされていると、自分で考えることができなくなって、相手に支配されていってしまいます。

日常に潜むダブルバインド、物凄いストレスフルです。されるのもするのも避けたいものです。受ける方は避けられないからこそダブルバインドなんでしょうが、でも「あっ、これダブルバインドだ！　自分が悪いわけじゃないな」と認識するだけでもダメージを軽くできるかなって思います。そしてご家庭でも、忙しかったり疲れてたりすると、つい知らず知らずに小さなお子さんにもやってしまってることあるんじゃないでしょうか？　子どもが固まってるときなんかは、ちょっと顧みてみるってのもいいかもしれません。

2013/07/04

40 「自覚」の前置き

こんにちは～。私は普段移動してお仕事してるので、やっぱりこの季節、車の運転中が一番快適だな～って感じるんですよね。でもそこから出たり入ったりって、結構恒温動物には厳しいですね。なるべく車内の温度を下げすぎないように心掛けていますが、皆さんはいかがでしょうか？　今週の「１００人１００色」は「自覚」ってことについてお話ししようと思います。

「自覚」というのは、「自分自身の立場とか状態とか能力なんかを知ること、わきまえること」と辞書には書いてあります。「わきまえる」というのは「承知する」ってことですね。で、人間関係もろもろ、時にとても煩わしいことが起こります。でもこの「自覚」「承知している」ってことだけで、とてもスムースになるんですね。

人は、相手が「わかってない」「気が付いていない」ということに対して、言うか言わないかに限らずどこかそれを教えたくなるものです。でもあからさまにそれを指摘するわけにいかないのが人間関係なので、指摘しない代わりに「イラッ」としたり、頭の中で馬鹿にしたり、嫌いになったりするんですね。例えば「あいつはいつも人の悪口ばっかり言ってるんだ。この間も……」なんて話はそれ自体が悪口ですよね。なので、なんか嫌な感じなわけです。でも「俺だってこれ悪口になっちゃうと思うんだけど……」って「承知している」って前置きがあったらどうでしょう？　「わかってるなら、いいよ」って気持ちになりませんか？　一般的に見てあまり可愛いとは言いづらい女の子が「私って可愛いからさ〜、この間も〜」なんて話しかけてくると「は〜？」って思うけど、同じ人が「私って人より可愛くないから〜なんだよね〜」っていうと「そんなことないよ、〜ちゃんだって～ないいところあるじゃん」と言ってあげたくなる……みたいな。会議とか会合なんかの場面でも、やたらと論点がズレて長～く話す人、いますよね。そういうとき、心の狭い私はちょーっとイライラするわけです。でもそこで「私は話しながら訳がわかんなくなっちゃって、ついつい話が長くなっちゃうんですけど……」って「自覚の前置き」があったら、全然イライラしないで聞くことができます。何かを指摘されるとすぐ攻撃的になったり大きな声を出す人ってたまにいるじゃないですか？　本当に嫌な感じですよね。でもそのとき「俺気が小さいからさ～、言われちゃうとすぐカ～っとなっちゃうんだよね～」って自覚の前置きがあると、「あ～そうなんだ～。自分でもわかってるんだな～」と思ってこっちもあまり嫌な感じがしなくなりませんか？

どうしても自分の悪いところとか、弱いところとか、劣っているところ……あまり見せたくないなって思いますよね。でも、気が付いていないってことの方がよっぽどご迷惑なわけで、逆に気がついている「わきまえている」「承知している」、これがあれば、たとえそれが否定的な事柄であっても、人って優しいな～って感じています。

でも「自覚」って自分でするだけじゃとても難しいですよね。だから、誰かに何かを指摘されたり意見されたり……こういったことは有難いことなのかもしれませんね。自分で自分のいけないことや劣っているところを自覚する作業は、時に落ち込むし、自信をなくしますよね。なので隠れ小心者の私なんかは「自覚があれば、世界は優しい」というのを自分の中の合言葉にして、前に進むようにしています。「100人100色」今週はこのへんで。

2013/07/11

41 「性格」と決めてしまわないで

こんにちは〜。ちまたではボーナスなんか出ちゃったりして、お盆休みとか夏休みの計画なんかを考え始める頃でしょうか？　私はそういったこととはもう10年以上無縁なんですけれども、ただ暑いのも苦手なので、どこか涼しいところに引きこもって読書なんかできたらな〜なんて思いますね〜。もちろん妄想ですが（笑）。

よく「自分はこういう性格だから」とか「自分の性格上なんとか」なんて言葉を会話の中で多く耳にしますけれども、果たしてそれって「自分のことをわかっている」ということなんでしょうか？ということについて、ちょっと私の考えていることをお話してみようと思います。

「性格」と言ってしまうと、なんだか固定的なイメージありません？　「そういう性格だから」と言ってしまえば、あるいは言われてしまえば、もう何も言うことはない……変わらないと言ってるのと似たようなものですよね。だから「性格」という言葉自体が、いろんな物を見えなくさせてしまったり、変化を阻害してしまったりしてるんじゃないかな〜って場面にときどき出会います。

でも本来、人だけじゃなく「自然」というのは「変化」を基本としてますよね。時間だって一瞬たりとも止まらない、それと一緒に常に全てが変化しています。しないように見えるのは、それは単にしてないように見えるだけのことか、止めている何かがあるときです。「自分はこういう性格だから」と、一見自分のことをわかっているような会話でも、「だから変わらないんだ」って語尾に隠れてくっついているように感じるんです。変わらないなんてことはないんです。

一人の人にもいろんな側面があるじゃないですか。明るいときもあるし暗いときもある、一人でいたいときもあれば皆といたいときもある、楽観的なときもあれば悲観的なときもある、神経質なときもあれば無頓着なときもありますよね。「性格だから」と言って一生楽観的なだけだったら、そもそも生きてこれませんよね。人というのは、どの要素を取り出したって、大なり小なり両面持ってるんです。

自分のことがわかるってことは、何か一つに決めつけるんじゃなくて、「自分にはこんなところもあったんだ！」ってわかっていくこと……これだと思うんですよね。

自分にもそうですけど、お相手に対しても「あの人はそういう性格だから」なんて決めつけないで、「こういうところもあったんだ！」という目をもって接していきたいな〜って思います。私は自分の性格が一番信用ならないと思っています。今この瞬間も、明日も、明後日も、来年も、変化するでしょうから。「１００人１００色」今週はこのへんで。

2013/07/18

42 問題はこうして作られる・・・

こんにちは〜！　暑いですね〜……ってきっと私は秋になるまで毎週言ってしまいそうなので、今回でこの「暑いですね〜」は最後にしようと「今」思いました（笑）。

夏の間中「暑い、暑い」って連呼してるのって、あんまり良くないですよね〜。人は何事にも「意味」を与えざるを得ない、色んな物事に「意味」を与えずに生きていくことはできないんです。例えば、私の「暑い、暑い」と連呼していることにも「周りの迷惑も省みないで、言いたいように愚痴っている」って意味を与えるとどうでしょう？　そう意味付けすると、私の「暑い、暑い連呼」という行動は、問題行動ってことになりますよね。

でもどうでしょう？　もしそこに「彼女はとても暑さに弱いから、暑い暑いっていうことによって、それに耐えている」という意味付けをしてみます。すると、さっきは「問題行動」だったのが、今度は「対処行動」になるってわけです。

物事の意味っていうのは、なんとでも付けられるんですよね。そして、そもそも意味はそこに在るものじゃなくて、付けている……付けられているものなんです。誰が？って人がです。さらに！人と人との間で付けられていくんです。

例えば不登校……これってどこから始まったんでしょう。以前から欠席していた生徒はいました。出席することを拒む行為を「登校拒否」と言っていました。でも「不登校児」っていうのはいなかった……不登校という言葉が作られたときから不登校が日本で始まったんです。その不登校が問題だっていう意味も、そこで人と人によって作られました。だって考えてみてください。もーっと昔は学校に行く人の方が少なかったときだってあったんです。だから学校に行かないということが問題だという意味は、付けられたものなんですよね。

そうして「問題」も作られていっているんです。例えば、毎日給食を残す生徒がいるとしましょう。そこに「何か悩みがあるからだ」という意味付けをすると「イジメ？　人間関係？　親子の問題？」と探り始めたりします。例えばその意味付けによって、残すたびに「何か悩み事があるの？」とか「ストレスに感じていることがあるんじゃないの？」とかを質問する……そしてその意味付けが本人とどんどん共有されて「そうか……私はストレスで食べられないんだ」ということになって、問題がどんどん作られる……な〜んてこともあるわけです。他には、そこに「食べ物の有難味がわかっていない」という意味付けをすると、それを指導しなければいけない……つまり、給食を残すということは「問題行動」だ、となりますね。でも「無理をして食べて、吐いたり腹痛になったりするより、自分が程よく食べれらることがいい」と、なんら給食を残すことに意味付けしなければどうでしょう？　これは問題行動にはなりません。夫が遅くまで飲みに行っていて帰らないってことに「遅くまで付き合いで頑張っている」って意味を付けるのと、「お金もないのに飲んだくれている」と意味を付けるのとでは、全然違ってきますよね。

「事柄」と「付けられた意味」ってのを混ぜちゃってる方が多いと思うんですけど、事柄は事柄、それについての意味は、自分でそう付けたか？あるいは人と人によって付けられているか？なんです。それってやっぱり、どうとでも付けられる。だったら、自分の都合のいいように意味を付けてもいいんです。その「都合のいい」というのは、目の前の事柄をこれ以上問題を大きくしていくような意味付けをするんじゃなくて、解決の方向に向いている意味付けです。これって別に適当じゃ〜ないですよね。だって、意味は元々実態があるわけじゃなくって、付けられたものなんですから。「そんなの開き直りだ〜」っておっしゃる人もいるかな？　でもそうおっしゃる人は、どんな意味付けを選ぶ……のかな？　「100人100色」今週はこのへんで。

2013/07/25

43　問題を大きくしないコミュニケーション

こんにちはー！　さてさて夏も本番！　今日から8月ですね！　皆さんはどんな夏にしたいって思ってますか？　私はですね〜毎週言ってるんですけど、暑さに弱いんです。なので、暑さってことをなるべく感じないように、別な楽しいことを考えながら笑顔で過ごしていけたらな〜と思ってます！

で、今週の「100人100色」は「問題を大きくしないコミュニケーション」についてお話させていただこうと思っています。

例えば、私が暑さに弱いって話を誰かに言ったとします。それに対して問題を大きくする応答っていうのが、例えば「え〜、じゃ〜夏は地獄だね〜。私の知ってる人で長年耐えたけど、とうとう体を壊して北海道に引っ越した人がいるよ〜」みたいなヤツ。途端に私は不安になるわけです。でもそこで「そうなのか〜、でも暑くても毎日頑張ってるね」って応答されるとどうでしょう。なんだか頑張ろうという気持ちになっちゃいますよね。

他には例えばお子さんが、体中が痛くてだるいの〜って不安そうに言ってきたとします。慌てて「え〜、体中ってどこ？　頭も？　お腹も？　足も？　痛いの？」って応答するのと、「それは辛いね〜。じゃ〜さ〜痛くないところはどこかな？教えてくれる？」っていうとどうでしょう？　漠然と「体中」と言って不安になっていても、痛くないところもあるって前提で応答することで、ちょっとお子さんは安心するかもしれません。

仕事のことで「いつも失敗ばかりなんだよ」って落ち込んで愚痴をこぼしてきた同僚に、失敗の数々を引き出すような応答で話を聞くより、失敗しなかったときの話を質問するという応答のほうが、それ以上落ち込みを大きくしないで、ちょっと自信をもってもらえるってもんじゃないですか〜。

何か問題について話をしてくる人というのは、大抵は問題しか見えてないし、問題にまつわる情報にしか注意を向けてなくて困っていたり、落ち込んでいたりするものです。なので、そういうお話を聞くときは、それ以上その問題が大きくならないように、問題以外のこと、あるいは、問題の起きていないときについての質問をするというのもいいかもしれません。なさってみるとわかるんですが、そういうコミュニケーションって自分も元気になるんですよ～。「100人100色」今週はこのへんで。

2013/08/01

44 これも「うつ症状」？

こんにちはー！ お盆休みを前にお仕事が忙しいって方も、あるいは休みを楽しみにお仕事頑張っている方もいらっしゃるでしょうか？ 私は、今月は夏の研修が多いのが楽しみなんですが、月末に学会の発表を控えていて、なんとも緊張で落ち着かないって感じです。

そこで、落ち着かないというところから、そういえば「うつ」ってよく耳にするし、大なり小なり経験のある方もいらっしゃると思うんですが、それってほとんどの方が「元気がない」とか、落ち込む、だるい、疲れてる、やる気がわかない……みたいな感じだと思うんですが、実はそうじゃない「うつ」というのもあるんです。

専門用語で「精神運動性の焦燥」といううつ症状があるんですけど、それって、はたから見ると元気なんですよ～。本人も元気です。だから「うつ」と思わないんですけど、でもなんだか周囲からすると迷惑な感じ……あるいは、本人も生活しづらさを感じているんです。どういうのかっていうと……これは例えばですけど、「思ったことを一気に話してテンションがやたらと高い」とか「やらなきゃならないことをたくさん抱えてて、あちこちに飛び回っているんですが、何事も実は進んでない」みたいな。周りからみると「テンパってるようなヒステリックになってるようで明らかに空回り……」みたいな。いつもイライラしてて、周りの人を責めたい気持ちでいっぱいって感じで、周りからも「ま〜ま〜落ち着いて」とか「大変そうだね〜」とか言われたり。でも自分は精一杯頑張ってるのに評価してくれないって不満を持ってたりして、余計に焦ってたり。

そして、昼間仕事してるときとか、誰かといるときはテンションが高いんだけど、夜家で一人になるとぐったり疲れてて、憂鬱な気分になっちゃう。だから気分の波が激しいんですよね。イライラと憂鬱になるってのを繰り返してるんです。

また、こういう人が職場にいると、周りの人もキツイわけですから、徐々に距離を置きたくなりますよね。だから余計に物事がスムースにいかなくてイライラする……みたいな。

こういうのも実は、うつの症状なんです。もし心当たりのある方は、自分を休ませてあげたほうがいいかもしれません。休むのも仕事のうち！っと覚悟を決めて、休みをとって気分転換をしたり、たまには仕事のことを忘れて他のことをしたり、そういえば好きだったのに最近してなかったな〜ってことをする時間をつくったり。元々が頑張り屋さんなんですから、あえてよ〜し！って気持ちでお休みをとる、っていうのも、急がば回れ♪でいいかもしれません。「１００人１００色」今週はこのへんで。

2013/08/08

45　何度やっても変わらない時は

こんにちは〜。今日から3日間三嶋大社の夏祭りということで、三島市民の私としては、この夏祭りで夏の真っ只中というのを感じています。昔から引き継がれている催しが多くて、三嶋の夏祭りっていいですよね〜。

昔から引き継がれてるといえば、日本人ってとっても勤勉っていうか真面目だって言われてるじゃないですか。もちろんそうじゃない人もいますけれどもね、ま〜全体的にってことで。問題を何とかしようとするときも、勤勉さを感じるときがあるんですね〜。

例えば、何とかしようとしていることが、それでうまくいかなくても、頑張って続けていれば何とかなるだろう……という感じで続けてらっしゃる、みたいな。

そしてそれを続けていると、逆に今までそうしてやってきたから、簡単にそれを手放せなくなってるとか、慢性化しちゃってるとか、そういうことってありませんか？　なんとかしようと頑張ってるんだけど、悪循環にはまってるような感覚ですね。

ん〜、子どもがいつも物を出しっぱなしにするとします。そこにいつも「片付けなさい！」って注意しますよね。でも毎回続くとお母さんだって「いつも言ってるでしょ！」とか「なんでお前はそうだらしがないの！」みたいになって、声もそりゃ〜大きくなりますよ。ちょっと子どもが大きかったりすると、そこに「うるさいな〜」とか言われちゃったらもうお母さんカッカしちゃいますよね。それが毎日続くと本当にストレスです。

それって「片付けができない」っていう問題をなんとかしようとして毎回注意を続けることによる悪循環ですね。これ専門用語で「偽解決循環」って言います。そう、お母さんは毎日注意をすることを頑張っているんです。でもそれは、うまくいっていない方法ですよね、だってお子さん、片付けができるようになってないんですから。でも続けちゃうんです、なんとかしなきゃって一生懸命だから。でもその悪循環を変えるには、思い切って今までやってない方法を探してみないといけません。「うまくいく方法」なんて決まってないんですけど。でも、うまくいっていない方法はわかってますから、やったことのないことを試していかなければならないんです。でもなかなか勤勉な方って、頑張ってることをやめることを考えないんですね〜。で悶々《もんもん》としちゃうんです。

「片付けなさい」って言わない代わりに、例えば「片付いてない物入れの段ボール」を置いて、そこに放り込んで見ないようにしてみるとか、それ専用の大きなゴミ袋を作ってみるとか、ま〜例えばですけど、いろいろあるわけです。お子さんのことだけじゃなく、お仕事でも、ご夫婦の関係でもこういった「偽解決循環」探すと結構あふれてますよね。

「どうして何度言ってもアイツは変わらないんだ！」な〜んて思うことがあったら、それって変わるまで同じことを言い続けているからじゃないでしょうか？　そうじゃないこと、やったことがないことをしてみるってのもいいかもしれません。スパッと解決とはいかないかもしれませんが、少なくとも悪循環への変化は起きることでしょう。「１００人１００色」今週はこのへんで。

2013/08/15

46　恐怖心を和らげるには

こんにちは！　今日は「不安や恐怖」についてお話しようと思うんですけど、季節がら「不安や恐怖」というと、どうしても私「ゴキブリ」が連想されちゃうんです。昔それほどトラウマティックなことがあったんですね〜。ものすごい至近距離で顔面に飛んでこられたってことなんですけど……怖いですよね〜。しばらく膝が震えてました。

そんなエピソードだけじゃなく、怖かった記憶というのはいつまでも残りますよね〜。忘れられた方が楽なのに、人というのは危険を回避するためにその記憶を消そうとするんじゃなくて、残そうとする本能があるんです。その記憶があまりにも強烈であると、それによって精神症状が出たりするPTSDですね、恐怖症としての症状のために、いつまでも避けなければいけないことがあったり、と非常に厄介です。

だからといって、やっぱり本能として備わっているのでしょうがないんですね。忘れよう、忘れよう、とすればするほど、思えば思うほど、鮮明に脳裏に浮かぶんです。でも、忘れないようにすればいいか?というとそんなことはありませんよね。

まず、本能なんだから、その記憶がちょっとでも薄まっていくには時間がかかると思ってください。そして直後に比べたらちょっとは薄まってきたら、また頭に浮かんだときに「やっぱりまだ」って思わずに、浮かんでこなかった時間や浮かんでもすぐ別のことを考えることができていたときや、忘れてる時間っていうのが、どういうときなのかを探すんです。きっとあるはずです。24時間365日ってことはないでしょうから。

考えないようにしよう……の代わりに、何を考えたり、したりしてるといいのか?ってことへのヒントにします。そうなると「不安や恐怖」が出てきたときに、漠然と「どうしよう、どうしよう」とパニックになることより、「どうすればいいだろう」と考えることもできるようになってきます。

私は今年になって、昨年よりちょっとゴキちゃんに強くなったな……って先日この夏の一人目に出会って感じたんですね～。今までは、見かけたときにあのときの恐怖が脳裏に浮かんで……映像化されたイメージになって私の膝を震わせていたんですが、それをしない代わりに、お亡くなりになったゴキちゃんのイメージを浮かべたんです。それが浮かんだのは、それまでの「考えない、考えない、って思う代わりに何をしよう」の積み重ねでした。そりゃ～まだまだ怖いですが、でも膝が震えるってのはなくなりましたし、泣きながら殺虫剤を乱射するのもなくなりました。本能にちょっとずつ勝ちつつある服部でした（笑）。「100人100色」今週はこのへんで。

2013/08/22

47　子どもに「うぜ～」と言われたら

こんにちは！　8月最後の木曜日、早いもので明後日から9月ですね。お子さんがいらっしゃるお母さんは、私もそうなんですが、夏休みが終わって学校が始まって、やっと通常モードってところじゃないでしょうか？

よく夏休みが明けると、その前とガラッと印象が変わるお子さんっているじゃないですか。特に思春期なんてそうですよね～。それだけ成長が早いってことなんですが、そういうときにご家庭でもいろいろとイザコザというか、お子さんとのコミュニケーションが今まで通りにいかなくなってきた……ってところありませんか？　そういうところで不安を持つ親御さんもいらっしゃるんじゃないでしょうか？　ということで今週は、お子さんの変化を発達段階としてお話ししようと思います。

子どもから大人になるまでの間にあるものって「変化」ですよね。それはもちろん体だけじゃなく、心もです。ある日突然体も心も大人になる！っていうなら楽なんですけど、どうしても段階的なものなんですよね～。まず子どもの時のもろもろを捨てていくことから始まって、徐々にそこに大人のもろもろが埋まっていく、しかもまだまだ中途半端に。だからそりゃ～今までと言うこともやることも違ってきて当然なんです。

今までは「宿題やったの？」って聞くと「うん、まだ～」とか「うん、これから～」とか普通に答えていたのが、「うるさいな～」とか「うぜ～な～」って答えるようになるとか。つまりは反抗的になるってことなんですよね。今まで普通にしてた親御さんの働きかけにことごとく反対のことを言ったりしたりするようになるんです。寂しいですよね～、それに時に腹も立ちますよね～。何を考えてるかわからなくなって不安や心配も出てきますよね〜。

でも、一般的に言われているように、大人になっていくためにはなくてはならない時期でもあります。ただ、子どもの変化や発達過程に合わせて、大人のコミュニケーションも今までと違ったことが要求されているということを考えなくてはいけません。

もう、指示はいらないんです。自分で考えて自分で行動して、失敗したら外で叱られて自分でその責任をとる。自主性と責任のために、見て見ぬふりをしなければいけないことを増やしていかなければなりません。先回りして失敗をしないようにするときはもう終わったんです。指示的な関わりを減らせば反抗的な場面は当然減ります。小さな失敗を一杯させて、大きな失敗や譲れないときだけ大きく登場する、というようになっていきます。

態度や言動や行動が変わっても、ご機嫌とイライラを繰り返しても、どれも発達・変化の過程にいるという視点をもって、大きなくくりで見守っていければいいな〜と思います。

そして、そういうお子さんの変化を感じたら、今まで付ききりで、お子さんに愛情たっぷりに接してきた自分から、自分自身のこれからのことを考えるようにお母さんも変化の時期ですね。お母さんにもあるんです、発達過程や変化の時が。「100人100色」今週はこのへんで。

2013/08/29

48　現状維持だって大切

こんにちは〜！　９月になりましたね。まだ暑いですけれども、そろそろ季節の変わり目を感じる……いや〜、今年は猛暑だったんで、早く感じたい！といったところ……なのは私だけでしょうか？　夏が終わるのが寂しい人には、ごめんなさいっ。

季節の変わり目は、体調の変わり目、気分の変わり目でもありますね。「せっかく涼しくなってきたのに、なんだか気分が乗らない」とか「ダルい」とか、なんだか気分が良かったり悪かったり……という方もいらっしゃるのがこの「季節の変わり目」なんですね〜。うつっぽい症状とか、不安が高まったりとか、体調不良を訴えるのが増えるのもこの時期です。夏って、いくら猛暑だろうと行事多いじゃないですか〜。ただでさえ猛暑って疲れるのに、やっぱり季節の変わり目にそのたまった疲れってのも出るかもしれません。季節の変わり目の寒暖とか湿度の変化で、自律神経にも影響が出ることでしょう。

喘息《ぜんそく》をもってらっしゃる方や、そのお子さんをお持ちの親御さんなんかは、そこのところとっても敏感ですよね。あと腰痛をお持ちの方とか、ムチウチをお持ちの方とかね。

身体だってそうなんだから、気持ちにだって変化が出て当然ですよね〜。たまたまそれが良い変化ってときもあると思いますが、当然悪い方の変化だってあると思います。

なかなか自分の思うような気分を保てないな～、やる気が起きないな～、なんて日が続くと、そりゃ～皆さんやらなきゃならないことがあるわけですから、心配になったり、焦ったりすると思うんです。そこで、なんとか自分に気合いを入れよう！としてみたり……でもそれでも気分が上がらない……となると自分の意志の弱さを責めちゃったり、あるいは不安になってきたりすると思うんですが、そうなると悪循環ですよね～。

具体的なお心当たりのないときは、焦らずに、とりあえず「季節の変わり目だし、しょうがないかっ」って時が過ぎるのを待つ……。色んな活動をとりあえず最小限にしたっていいんです。「能動的」とか「前進」とか「発展的に」とか、とかく進むほう、進むほう、ってやってないといけないような感じがしますけれども、「現状維持」「これ以上下がらないようにする」っていうのが大事なときだってありますよね。自分のせいにしないで、「季節の変わり目だしな」って「何かのせいにする」っていうのもとっても大事ですね。

時が止まらない以上、何もかもが一瞬一瞬変化しています。時間の流れに任せていても、必ず何かが変わっていきます。何とかしようともがいて悪循環に陥るより、近道かもしれませんね。「１００人１００色」今週はこのへんで。

2013/09/05

49 「人」と「病気」は違う

こんにちは～！　普段たま～に小耳に挟んだりするんですけど、でも最近偶然に重なって耳に入ってきて、ちょっと寂しいなって気分になったので、今週はそのことについて、ちょっといかにも専門家って感じの硬い話になっちゃいますが、お話させていただきたいと思います。何を小耳に挟むかっていうのはですね、ちょっと変わってる人とか、理解できないなって感じてる人について、まるで悪口を言っているような雰囲気で「あの人障害じゃない」とか「精神病だよ」という会話をしているのを耳にするんですね。

だから人権的な話をというのではなくて、疾患……つまりは病気ですね、それと障害っていうことについて、結構漠然と一緒くたに認知されてるよな～と思って、そこのところをハッキリ、スッキリご説明したいな、と。

まず、病気、疾患というものと障害というのは、全く違います。疾患というのは不調か困難をもたらす生物学的な要因のことです。じゃ～精神の病、精神疾患ってのはというと、中枢神経活動の失調っていう生理学的なものなんですね。一方「障害」というのは「困難」「不調」そのものを指すんです。

例えば「骨折」。これは疾患ですね。その痛みは「機能障害」で、それで動けないってのが「能力障害」で、それによって会社を首になった、となると「社会的障害」。精神障害っていうのは、精神疾患によってもたらされるいろいろな障害のことなんです。

これって必ずしもワンセットってわけじゃないんですね～。例えば検査なんかで胃潰瘍の跡が発見されたり、大腸にポリープがあってそれが良性のものだったり、知らずに青あざができてたのに気が付いたってとき。これって、病気はありますよね、っていうか病名は付きますよね。でも、本人が気が付いていなかった、痛みとかの機能障害ないし、なにもできないっていう能力障害ないし、社会的障害もありません。要は「困難」と「不調」はないってことなんです。ちょっと小難しいこと言ってますけど、こんな風にそれぞれ違うものなんですよ～ってことなんですね。

こんな風に体の疾患についてだったら、ある程度すんなり理解されるのに、精神となるとどうしても疾患と障害が同じように思われてて、なんか特別視されてるような気がするんですよね～。疾患なんですから、身体の疾患と同じように、「人」と「疾患」は区別されるべきなのに、どうも「人格」ってところまで広がってるような。

まだまだ体の病気のように明確に原因が解明されていない分野でもありますから、しょうがないのかもしれませんけど、でも昔は三大精神病の一つだったてんかんだって、今は脳神経疾患って体の病気ですし、うつ病も最近は脳で起こっていることで説明可能になってますので、これから先も色んな精神疾患が体の病気となっていく可能性もあるわけです。なので、「病気」と「障害」と「人格」これは、分けて使って欲しいな〜と感じています。「100人100色」今週はこのへんで。

2013/09/12

50 「怪獣短気ドン」と「妖怪緊張娘」

こんにちは〜！　今日気が付いたんですけど、「100人100色」でお話させていただいて、今回でちょうど50回目なんですね〜。毎回短い時間ではあるものの、それでも色んなテーマを50回も……ってちょっと自分でもビックリです。毎回何気なく「これ、お話しよう」っていうのも、その積み重ねを感じます。聴いてくださってる方にも感謝ですね〜。

ってことで、いや、だからといって50回目ってこととは全然関係ないんですけど（笑）、今週は、対人関係がちょーっと悪くなっちゃってる方との改善に一役買いそうな「外在化」についてお話しようと思います。

それってどういうことかというと、ま〜会社にも学校にも合わない人とか困ったチャンはいるものですよね。もちろんいない！って方もいらっしゃるとは思いますけどね。そこに外在化っていうので、困ったチャンの言動とか行動をその人から取り出して名前を付けることで、関係の悪化を止めることもできます。

例えば、気が短くて感情的になっちゃう人に「怪獣短気ドン」とか、緊張が強くてモジモジしちゃう人に「妖怪緊張娘」とか、いつもどうしよう……どうしよう……と言って落ち着かない人に「不安パンダのファンファン」とか、威張ってばっかりの人に「暴れん坊将軍」とか、手抜きや怠け癖のある人に「怠け魔女タイダ」とか……ってちょっとふざけ過ぎでここまでのネーミングは難しいかもしれませんが、でもシンプルに「忘れ虫」「遅刻虫」「怠け虫」って「虫」をつけるのもいいですね。これ、よく小さなお子さんにお母さんが付けて躾《しつけ》なさってるのもよくありますよね〜。

例えば、会社でいつも忘れることが多くて「だらしがないヤツ」って思っているところで普段怒ってばっかりで関係が悪くなってるときなんかは、今度怒るのをやめて「君の人当たりって、とーってもいいんだけど、でも君はたまに妖怪忘れん坊やにやられてるようだな〜。それってどんなときにやられるわけ?」とか「今までやっつけたときってどんなときだった?」とか「そいつは何が弱点なの?」とか、妖怪忘れん坊やの生態を聞いていくんです。そうなると、対立していた関係が、妖怪忘れん坊やの退治を通してチームになってくんですね～。「どうしてあいつは何度言ってもあ～なんだ！」とか「あの子は変わらない」とか「ダメだ」って悪い方に関係が硬直するより、相手の自己肯定感を否定しないで、相手の力を引き出せるってことで、こういう外在化っていう考え方、オススメです。「100人100色」今週はこのへんで。

2013/09/19

51　ものの見方・捉え方を変えると……

こんにちは。もう月末ですね～。ほーんと早いっ！だってあと3カ月で今年が終わるなんて。つい最近「明けましておめでとうございます」なんて言ってたような気がするのは私だけでしょうか?

突然ですが、今日は9月26日ですよね。その事実は変わらないんですけれども、でもその見方によっては9月26日の「意味」って変わりますよね～。私は、客観的事実は存在しない……見方や捉え方、置かれている文脈によって事実の意味はいかようにも変化する、って考え方なんですね。なのでいろんな物事に対して、いろんな見方を検討してみたり、その中で今の自分や相手に相応しい受け取り方を適用するようにしています。

でも、どうにも消化できないのが自然災害。今年は自然災害が多すぎますね。私は日本国民にあるまじき無神論者っぽい人なんですけれども、でも微かに日本人としての普遍的な血があるのか「神様は」とか「因果応報」とか「ご先祖様が」とかって思考が残ってるっていうか、やっぱり事あるごとに頭に浮かぶし、自然と手を合わせたりってなります。でもそういうのを使ってもどうしたって説明できない……ものすごく広い全体の中では辻《ツジ》褄《ツマ》が合っているのかもしれません。でも一瞬で亡くなる人々や流されていく家……神様なんていない！何も悪いことをしたわけではないのに！ご先祖様なんて見守ってないじゃん！と言いたくなるほど悲しい気持ちになります。でも、かろうじて、強いて、思うんだとしたら……「自然の前ではあっけないこと」「明日は無いかもしれないこと」を改めて教えてもらったんだから、「今」をもっと大事に生活することで、少しでも周囲に良い影響とか、良い相互作用を還元していくこと。それが「人間に対する自然の理不尽な振る舞い」を「無駄にしない」ということなのかな〜って思います。

というわけで、今年もあと3カ月ですね。今年、今まであんまりうまくいってなかった方も、うまく行ってる方もいらっしゃるかと思います。今年の始まりに立てた計画とか「こんな年にしよう」とか「なればいいな〜」ってのも、その通りにはなかなかいかなくて修正を余儀なくされるってこともあるかもしれませんね。でも終わりよければ全てよし。皆さんの大事な大事なあと3カ月……それが1年の素敵な〆となりますようにお祈りします。もちろん、自分にも！「100人100色」今週はこのへんで。

2013/09/26

52 弱さは「柔らかさ」でもある

こんにちは！　10月に入りましたね！　この「100人100色」もお話させていただいて今週で1年になります。今まで聴いてくださってた皆様、ありがとうございます！感謝感謝です。で、またこれからもお話させていただくことになりましたので、どうぞこれからもお付き合いいただけるとうれしいです。よろしくお願いします。

さて、この「100人100色」っていうコーナータイトルですけども、文字通り100人いれば100通り……どれも違うし、どんな人も素敵だし、その違いこそが人の素敵なところ…って意味を込めたタイトルなんですね。

例えば弱い人と強い人……ん～他にもたくさんありますけど、言葉にすると強いが良くて弱いが悪いような、そんな言葉のイメージってあるじゃないですか。でもそれもやっぱり100人100色なんですよね〜。

聞きかじりですけれども、中国の道教の教えじゃ〜、強さよりも弱さの方をよしとするらしいですよ。つまり、弱さは「柔らかさ」って捉えてるんですね。確かに、強そうに見える大木は嵐で折れたりするけど、弱そうな竹とか柳は折れないし、硬い物をかむ「歯」は強くて硬いけど、虫歯になったら二度と元に戻らない。でもフニャフニャした「舌」は、一生フニャフニャにもかかわらず、死ぬまで無くてはならないものだったり。ある日ある時「ポキッ」と折れないように、自分の「弱さ」を認めてあげて、たまに自分を甘やかしてあげることも「柔らかさ」なのかもしれません。つまり「柔軟性」こそ、強さということなのでしょうね。チョットでいいと思うんです。

例えば、
・5個の無理のうち、1個は手抜き
・期間を決めた後回し
・たまに嘘をついて、1日もしくは半日好きなことをする
・思い切り泣く
・自己責任で受け止めず、人や環境のせいにする
・ご褒美の用意　とか

苦しいときや、辛いとき、そりゃ乗り越えることができた方が達成感とか自己肯定感が味わえるし、良いことではあるんですけれども、たまには「超しんどい！」「もうやだよ～！」「無理！」と叫んで、現実逃避しちゃったり、「め～いっぱいだから勘弁！」「誰か助けてくれ～！」って人に甘えちゃったり、「ま～いっか」「なんとかなるか」「面倒臭～い」と叫ぶのは、「頑張るうち」なのかもしれません。

「いい加減」ではなく「良い加減」ですね。「100人100色」今週はこのへんで。

2013/10/03

53　夢がなくても悪くはない

こんにちは！　私はこのくらいが1年で一番好きな時期なんですよね～。クーラーもいらない、ヒーターもいらない…って、なんか一番人が自然な形で生活できるっていうか、だから食欲の秋とか、読書の秋とか、スポーツの秋っていわれるのもわかりますよね～。

今週の「100人100色」は「将来の夢」ってことについてちょっと日頃のお仕事を通して感じていることをお話させていただきます。

学校や家庭などで学童期・青年期の子どもがよく言われる「夢を持ちなさい」「あなた

の夢はなんですか?」という言葉……「酷だな～」とちょっと感じています。でも、私が学生の頃、私はその言葉を違和感なく受け入れていました。私は今バブル最終世代といわれる40代です。若い頃は、やりたい職業とか、なりたい将来像がいろいろあって困るくらいでした。

でも、政治・経済・少子高齢化・環境問題……どれをとっても先行き不安で、明るい未来像を描くのが難しい今、もし私が今学生だったら、「夢を持ちなさい」と言われたら、「そう尋ねるあなたの夢を教えてください」とひねくれて聞き返したかもしれません（笑）。夢があれば、夢を早く持てば、それだけ早く努力を始めるし、ぶれずに進んでいくし、だから叶える可能性も高くなる。親御さんや先生もサポートしやすいですしね。

でも夢ってそう簡単に持てるものじゃない。だって、幼稚園の頃だったら「ウルトラマンになりたい」と言っても可愛がられたものが、中学生になってそう答えたら「ふざけるな!」と言われちゃいますよね。中学生になって聞かれる「夢」っていうのは、「現実的に職業に結びついたもの」という条件があって、中でも「社会的に認められたもの」「社会の役に立つもの」じゃなくてはならないという暗黙のルールがあります。だから「将来はパチンコのプロになりたい」とか「フリーターをしながらAKB48の追っかけをしていたい」じゃダメなんですよね。「ある程度の実現可能性のあるもの」じゃないと「でも」

「それは」と暗に無理なんじゃないの?という応答で切り返されちゃうんです。それでいて「夢を持ちなさい」って言うんだから、当の中高生にとっては何を聞かれているのかわからなくなってもおかしくないし、真面目な子は「夢を持てない子はダメなやつ?」とまで思ってしまいます。

私は「自分の好き嫌いがわかる場所として学校がある。その中で好きだと思ったこと、チョットでも面白いなと思ったこと、それほどでもないけどマシなことを他のことよりいっぱいやればいい。そうしていくうちに自分の好き嫌い、得意苦手がはっきりしてくるときが来る。後は得意なことを思い切りやればいい。なんか見えてくるかもよ」と思っています。

夢はそりゃ～あった方がいい。精神的にも。でも、なくてもいい! だって、どっからいつから始めても人生は大丈夫だから。焦ることはありませ～ん! 何を以て幸せとするか?何を以て成功者と言うか?も変わっていくんですから。「100人100色」今週はこのへんで。

2013/10/10

54 「怒る」は「願う」に

こんにちは～！　やーっと涼しくなってきましたね。先週までは朝晩は涼しくても日中はホント夏でしたものね～。これから迎える今年の冬はどうなんでしょうね～。

今週の「100人100色」は「怒りや攻撃的な言動をしちゃう人」についてお話してみようと思います。

みんなロボットのように同じなんじゃないんでね、そりゃ～相手の言ったこととか、やったこととかについイラッとするときや腹が立つときってありますよね。人それぞれだって頭じゃわかってるけど、でもありますよね～。でもその一瞬抑えられず怒りをぶつけちゃったり、攻撃的なことを言っちゃったりすることの多い人もいるじゃないですか。そういう方って、大抵真面目で、ぶつけちゃった後から人知れず自己嫌悪なさってるんですよね～。

人には「コントロール欲求」ってのがあるんです。思いのままに操作したいという欲求って、例えば自分の考えや行動と同じようにしてほしいとか、自分のそれを理解してほしいとか、認めてほしいとか、申し訳ないと思ってほしいとか、謝ってほしいとか……いろいろありますよね。ちょっとゲーム機のコントローラーをイメージしてください。相手をコントロールしようとしてコントローラーを操作するけど、相手が自分の思い通りにいかない……だ・か・ら腹が立つんです。でも必死にコントローラーをコントロールしようとしてコントローラーをカチカチやっても、腹を立ててコントローラーを投げつけても、絶対無理！　だってそのコントローラーは相手につながってないんですもの。

私たちができることは、相手をコントロールすることじゃなくって「こうなればい～な～」「こう言ってくれるとい～な～」「こうしてくれるとい～な～」って願うことだけです。相手がそれを受け入れるか受け入れないかはコントロールできません。私たちのできることは、自分にコントローラーをつないで、「怒る」を「願う」にコントロールすることなんですね。「願う」に変わると、攻撃的じゃなくそれを相手に伝えることができるかもしれませんね。願っていると自然と自分の行動や言動も違ってきますから、いつか伝わるかもしれません。

とか言って、私なんかも相手が自分の子どもとなると、度重なるコントロール不能にイライラして、つい攻撃的に言っちゃうことがあります。でも100％それってなんの得にもならないんですよね～。それに、「怒らない」「腹を立てない」って自分に言い聞かせれば言い聞かせるほど腹が立つものですよね。だから「怒る」「腹を立てる」代わりに「願う」、この「代わりにすること」を意識された方が、自分のコントローラも操作しやすいかもしれません。「100人100色」今週はこのへんで。

2013/10/17

55　意識と無意識は多勢に無勢

こんにちは～！　最近ですね～、ま～色んなことで自分の年を感じる場面が悲しくも増えてきたんですけれども、その一つは、ま～皆さんもある程度の年を重ねてらっしゃるとそうだと思うんですが、身体の不調を感じたときなんかそうですよね。以前と同じ生活なのに、以前より疲れるとか、前よりたくさん寝ないと疲れが取れなくなったとか、うっかり忘れることが増えたとか、目が見えにくくなったとか……ま～多かれ少なかれ誰にでもあると思うんですけれども、そういう場面でですね、「あ～意識は無意識に勝てないわ～」って思うんですね。

例えば、「それは考え方が後ろ向きだからなんだ」とか「気合いが足りてないんだ」とか、何とか体の不調を前と同じ方法でコントロールしようとする方っていらっしゃると思うんです。「そんなはずはない、たまたまだ」とかもですね。でも、それでコントロールできる可能性はことごとく低いんです。

意識の上では全然緊張しているつもりはないのに、終わった後ドーッと肩が重くてパンパンに張ってるとか、それほどストレスに感じているつもりはなかったのに、胃がキリキリするとか、頭では開会しますって言うんだってわかっているのに、他のことで心配なことがあってつい開会の言葉で「閉会します」って言っちゃったり。

自分が意識できている部分や、考えたりしている部分は脳でいうと「前頭葉」ですね。でもそれって、脳全体の脳細胞って1000~2000億って言われている中のざっくりですが四分の一ですよ。私たちが意識できている部分ってほんの一部なんです。それ以外ほとんどが無意識の領域なんですね~。なので、身体の不調に意識で対抗しても、勝ち目は低いんです。体の不調は無意識の領域から意識に上がってきた一部でありサインです。なので、上がってきた一部にはちゃーんと応えてあげなければいけません。

メンテナンスする、休養をとる、ペースを変える、検査をする、病院に行くとかって。また逆に、意識している部分での失敗や不調っていうのも、無意識の領域で体に影響与えますよね。その影響で体に不調を感じたら、やっぱりそこに応えなくちゃいけない。

考えたり、気合いや根性でなんとかしようとしても、やっぱり意識は無意識には勝てません。多勢に無勢なので、さっさと降参してサインに耳を貸した方がよさそうです。

「100人100色」今週はこのへんで。

2013/10/24

56 悪夢の続きをハッピーエンドに

こんにちは！　10月最終日ですね！ってうれしそうに言うのはですね〜、私1年の中で11月が1番好きだからなんです！　過ごしやすいって季節的にもそうですけれども、でもこう長く生きてくると、ある程度自分の人生のサイクルってあるじゃないですか。そう見ると私は11月は比較的いいことが多いって勝手に感じてる月なんです。皆さんもそんな月ありますか？

今週の「100人100色」は「悪夢」についてです。途端に暗めですけれども、ま〜秋の夜長、悪い夢を見ちゃうときもある……かもしれないってことで、聞いてください。

いやーな出来事があったり、続いていたり、その他心配事があったりして、それを夢で見ちゃうとか、それのもっと強烈なのだとトラウマティックな出来事によってPTSDになって悪夢を毎晩のように見ちゃうとか、ま〜ハッピーな夢ならいいんですけど、夢って全部が全部ハッピーなものとは限らないじゃないですか。

それで、今ちまたで噂《うわさ》の……ま〜私のいるマニアックな世界のちまたですが、ＥＭＤＲという心理療法があるんですけれども、それって眼球、目ですね、この眼球運動によって嫌な体験や記憶なんかのトラウマティックな出来事の再処理をするっていう、ま〜超大まかにいってそんな治療法なんです。眼球の動きが〜！と、ちょっと普通に考えると意外じゃないですか？　でも科学的に根拠のある治療法なんですよ。

脳はこの眼球の左右の動きで知覚したことを処理しているってことなんですが、寝ている間、夢を見ている間も眼球って瞼《まぶた》の中で動いてるんです。だから何らかの処理をしようとしてるんじゃないかってことで、見る悪夢。この悪夢ですが、見ると怖くて目が覚めて起きたりして不安になったり、再び眠りにつくのが怖くなったり、後は次の日にも見るんじゃないかって不安になったり、色々良くないことになりますよね。でも目が覚めてもまた目をつむって、悪夢を悪夢で終わらせないように物語を作ってまた寝るんです。悪夢の続きをハッピーエンドまでストーリーを作って眠りにつくんですね〜。ま〜取り返しのつかない悪夢もあるでしょうけど、それはそれでまだ取り返しのつく場面まで巻き戻しをして物語をハッピーエンドまで作って寝てください。寝ている間に、脳がハッピーエンドに処理してくれるかもしれません。

じゃ〜それを起きているときにも応用！ってことで、嫌な出来事があっても、「最悪だ

～」って頭を抱える前に、その後の大どんでん返しのハッピーエンドのストーリーを作るのも、いいかもしれませんよ。「１００人１００色」今週はこのへんで。

2013/10/31

57　明るい妄想のススメ

こんにちはー！　11月最初の「１００人１００色」です。先週も言いましたけど11月大好きなんですよね～。私は今年は家族の病気がホント多くて「年回りが悪いのかな～」とか思ってるんですけど、でも大好きな11月だし、それでもなんか良いことあるかな～なんて期待しちゃいます。ポジティブな妄想は得意です。で、今週はその「妄想」についてお話させていただこうと思います。

妄想って言葉って、「妄想しちゃう～」とか「俺って妄想族～」とか「あらぬ妄想が……」みたいに結構軽く明るく使われてる場合と、深刻な場合がありますよね。そんな「妄想」について、ちょーっと専門家的に説明しちゃおうかなっと。

そもそも妄想というのは、事実に突き合わせても訂正不能で固定化された信念なんですね。だから「～に違いない」とか「絶対～だ」なんです。その内容にはいろいろテーマがあって、一般的なのは被害妄想……よく言葉でも聞きますよね。その他、人の素振りとか言葉とか周りにある何かが自分に向けられたものだって確信しているというのは「関係妄想」といって、これは例えばあるアイドルが自分のことが好きで、テレビで話したりニコッとしているのは自分に対してなんだ……みたいな。その他には「誇大妄想」は自分は特別な能力があるとか、富や名声があるみたいな。全然関係ないのに、相手が自分に恋愛感情を持っていると勝手に確信しちゃう「恋愛妄想」、大惨事が起こるって確信から全て意味がないって妄想……これは「虚無妄想」とか色々あります。でもなんとな〜くあり得ない……信じがたい妄想ともいえなくもない感じじゃないですか？

でも、中には信じられない妄想もあります。これは「奇異な妄想」といって、例えば、何者かによって自分の考えが抜き取られているっていう「思考奪取」、逆に宇宙人の考えが自分に埋め込まれたみたいな「思考吹入」、自分が何者かに操作されているっていう「被操作妄想」とか。自分にとっては自分の考えは自分のものですから、「これは妄想だ」と思わないんです。だから自分がもし……っていうことを想像すると、本当に怖いですよね〜。これはお薬が必要なのですぐ医療につなげないといけません。

で、じゃ〜私たちが一般的に軽い意味で使っている「妄想」これは、現実はそうじゃないってことがわかっているけど、そう思っちゃう……みたいな。この「わかってる」は厳密には妄想じゃないんですね〜。「あれこれと、思い巡らすこと」、これは「念慮」っていうんです。で、そこに期待や不安の具体的イメージが伴うとそれが「妄想」って使われているんだろうな〜、と思っています。

というわけで、あれやこれや素敵な「念慮」をイメージ化して、「明るい妄想族」は精神的な健康にもいいことなんじゃないかな〜ってことで、「100人100色」今週はこのへんで。

2013/11/07

58 すべてはまず身体から

こんにちは〜。毎年生地の厚い服を着るようになると思うんですけど「昨日まで半袖だったような……」って。なんかここ数年、半袖の次は長袖……って流れが無くて、半袖から突然ジャンパーみたいな感じしませんか？　長袖のTシャツってほとんど毎年使ってないような……使ってもほんのいっときのような気がするんですよね〜。私だけでしょうか？

今週の「100人100色」は、病院の待合室のパンフレットとかテレビのCMを見て

「是非お伝えしたい」と思ったことをお話させていただきます。

最近「体の痛みもうつのサインなんですよ」みたいな配信が目立つんですね。もちろんそれは間違いではないんです。頭、首、肩、背中、腰、手足、胃……うつ病は色んなところが痛くなることが多いです。痛みを感じさせないように働く機能も弱まって、普通じゃ感じない痛みも強く感じたりすることがあるからなんですね。精神症状だけって思われがちだけど、体の痛みもそうなんです。

でもだからって、体があちこち痛んで困る……だからうつ病かも、というのはおかしいですよね。確かに、体の痛みを抱えながらも、しんどいのに何とかギリギリ頑張ってお仕事や役割りを続けてたら、それはうつ病になってもおかしくありません。ま～、そう言っちゃうと「卵が先か鶏が先か」になっちゃいますけど。

そこでですね、お伝えしたいのは、体の痛みはやっぱり体の病気を先に調べてから……ってことを再確認していただきたいなと。体の痛みだけじゃないですよ～。精神的な症状が出る体の病気もたくさんあります。あちこち痛いし、だるいし、気分がふさぎこんでやる気は起きないし……目まいはするし……だからうつ病かもしれない！と予測する前に、まずは体の検査！　血液検査とかレントゲンとかＭＲＩとかありますよね。そしてそれで異常がなかったら精神的な病気を疑って受診する……この順番で治療を始める。この順番を守ってほしいな～と思うわけです。

自分に何かしらの今までと違う不調を感じると、不安になるものですよね。不安になると色々な悪い想像とか悪い結果が頭に浮かんでくるものです。でもそこで慌てずまず一つずつ可能性を消していって、原因まで持っていくという過程を踏んでほしいな～と思っています。それが解決への近道と思っています。今週はこのへんで。

2013/11/14

59　誰にもある発達の凸凹

こんにちは～。服部一昨日また一つ年をとりました。とにかく1年があっという間でホントビックリです！　それほど良くも悪くも色々なことに恵まれて充実してるってことでしょうかね～。誕生日を迎えたといっても時間的な連続なので、そこで特に焦って気負うことなく、だからといって年のせいにして下げることもなくいたいな～と思っています。不幸にも次の誕生日を迎えることなく命を奪われる方もいらっしゃいますね。だから生かされていることへの有り難さは、どんなときでも感じていたいし、その意味を意識して役割に誠実にいたいな～、と思う44才です。

そんな今週の「100人100色」は、発達障害について思うことをお話させていただこうと思います。昔に比べると発達障害という言葉やその認知も圧倒的に広まってますよね。理解は？というとまだまだ発展途上の部分は多いと思いますけど、でも昔に比べると理解されてきていると思います。それによってそういった障害をお持ちの方への援助や間口や体制……といったことへの肯定的な効果もあるとは思いますが、でも逆に何でもかんでも、人々とちょっと違ったところがあると「発達障害なんじゃないかな？」とか「自分は発達障害なんだ」みたいなのも広がってくるものですよね。ま〜しょうがないっちゃーしょうがないんですけど。でも、「発達」ってそもそもが「人それぞれ」なんじゃないでしょうか？　植物の種を植えても、芽が出るのが早いのも遅いのも……丈が長いのも短いのもあるじゃないですか。人でいうとその「人それぞれさ」って、半端ない種類ですよね。それに「正しい発達」ってなに？　そもそもそれを決めた人たちは果たしてその通りの発達を正確に通過してきているのか？って、屁理屈な私は思うわけです。

さらに、「じゃ〜、個性って何？　どこからどこまで？」という疑問も出てくるじゃないですか。以前に疾患と障害の違いをここでお話したことがありましたけど、発達の遅い早い……その特徴が顕著なのと緩やかなもの……それらと「障害」は違います。

人は誰にでも発達の凸凹があって、それが個性でもあり、その人の特徴でもあります。

発達障害は先天的なものなので、例外なく最初からその特徴が顕著です。それによって生きていくのに明らかに支障をきたしている……つまりは何らかの障害をきたしている……となれば、発達障害ですが、「～なときがある」とか「～でもやっていけている」は発達障害じゃないんです。

人の持つ凸凹……特徴……むしろそれがあるから摩擦が起きつつも、摩擦なしで総滑りせず補い合ってやっていけるということなんじゃないかな～、と思っています。そして、障害となっていらっしゃる方へも、そうじゃないけど生きにくさを感じている方へも、凸凹のボコよりも、当然その代わりに持っているデコの部分に注目して接していきたいな～と思っています。という私も、自覚のあるのとないのと合わせても、かなりの凸凹を持ってますので、周囲に許していただけたらな～と（汗）。「１００人１００色」今週はこのへんで。

2013/11/21

60　変化のお邪魔虫

こんにちはー。あっという間にもうすぐ12月、師走ですね～。今年は寒くなるのも急にだったし、例年になくあっという間感があるんですけど、ただ単に私の加齢の問題でしょうか？　皆さんはいかがですか？

この時期になると、1年も終盤を控えて何かと振り返るときも、ことも増えてくると思うんですけどどうでしょう？　年の始めに「こういう年にしよう」とか「ここまで達成しよう」みたいな目標を立てた方もいらっしゃるかと思います。そんなときに、もし何も変わってなかったり、相変わらずだったり……って感じると落ち込むこともあるかもしれませんね。11月最後の「100人100色」は、変わりたい・変えたいって思うときにありがちな、変化のお邪魔虫についてお話させていただきたいと思います。

変化っていうのは時間が進んでいる以上必ず起きてるんですよね。こうしてお話させていただいている私も、話しながらどんどん体の酸化は進んでいるし、胃の中の物は消化されているし……その間に私を取り巻くありとあらゆることが変化しています。今日の前にあるこのマイクも、確実に少しずつ古くなってますね。

だから要は、変わっていないつもりでいても変わってるってことなんですけど……そこでお邪魔虫なのが、つい大きな変化を見てしまう理想の高い自分なんですね～。

大きな変化を起こすためには、たくさんのことをしなければいけないと感じます。気合いを入れて大きな努力をしなきゃって。そうするとつい「そんなことはできない」って感じてしまいがちだし、また、それができないことに落ち込んでしまいがちになってしまいますよね。だから望む変化は結局起きない。

大きな変化は、小さな変化の積み重ねなので、小さな小さなことから始めればいいんですね。そのときつい欲張って小さくできないんですね〜。例えば調子の悪いときとかやる気が湧かないときとかには「現状を維持する」って行動目標でも立派な目標なんですね。これ以上調子が悪くならないように具体的にすべきこと……これ以上やる気が無くならないように具体的に今は何をすべきか?ってほら、行動目標ですよね。

そうやって小さく小さく値切ることができれば、決めたことがやりやすくなって、コツコツと積み重ねていけばそのうち大きな変化にたどり着くんです。

「急がば回れ」ですかね。年末が近づいてますが、だからと言って焦らず自分を責めず、小さく値切って歩みは止めずに行きたいものです。「100人100色」今週はこのへんで。

2013/11/28

61　光を見ると影を思う

こんにちはー！　とうとうやってきました！　師走～！　12月になると年末に向かって全体的に街がにぎわう……というかキラキラしますよね。忘年会とか、イルミネーションとか、クリスマス系の飾りとか、それ系の商品ののぼり旗とか……。夜になると、ますます街はキラキラで、しかも最近は住宅でもかなり凝ったイルミネーションが目立ちますよね。

そういう時期に私は、キラキラしてる分そこにできる影の部分についていつも考えちゃうんですね～。お金に困っている人や病気で何もできない……家から出られない人……仕事や学校に行けない人……たーくさんいらっしゃいます。窓から……あるいはテレビで師走のにぎわいを眺めながら、辛いだろうなって。

それが骨折とか、手術したら治るとか、いついつには……ってわかってる方は、まだいっとき……今だけだから……って思えると思うんですが、例えば精神的な病の場合、いつっいつに治る、というのがわかりません。予定が立たないんですね～。ましてや元々気分が低下してますから、自分で希望的な予測なんて持てません。

私はお仕事でそういった方のお宅へ伺ってお話をしたり聞いたりしていますが、常にそうなんですけれども、この時期は特に強くそういったお客様への尊敬の念が強くなるんです。一般的に言われる「うつは心の病」ってあのコピー……私嫌いなんです。心が病んでる……ってなんですか？　心って何ですか？　心ってすると、その人全体を指して病んでるみたいな印象になってしまいません？　心は病んでません！　いろんな辛いことが重なって……それでも瀬戸際まで頑張って……頑張り続けて……。怖くて怖くて…それでも安心な状況に置かれなくて、ギリギリで頑張って……って、それで脳機能が低下しちゃって症状に苦しめられている……ってこれ全然心病んでないし。

無理してでも頑張ってた結果がコレ？ってくらい気の毒で、しかもいつ治るかもわからず何年もそれに耐えてらっしゃるんですよ～。私は心が病んでるどころか、何て強靭な精神力なんだろう……って心から尊敬します。

血もでない……包帯も巻いてない……レントゲンでも写らない……機械で測れない……だから周囲から理解されない……そしていつ治るか分からない……こんな辛い病気ってないと思うんですね。自分が幸い元気でいられているだけで、師走のキラキラにはたーくさんの影がある……諦めや絶望感を抱えながらも、それでも生きている人たちがいるんですよね～。だから浮かれることなく、自分が今与えられている諸々に感謝しながら、こんな自分でも何かしらできることがあるなら頑張ろう！って感じます。

生きてさえいれば、ゴールはどこか分からない……この師走、全ての人々にキラキラの粉が振りかかりますように。「100人100色」今週はこのへんで。

2013/12/05

62 今の自分が楽になる捉え方は？

こんにちはー！　今日は12／12ですね。と言えば！イチニイチニですね、ってそれがどうした？なんですけど。私だったらイチニイチニと聞くと「行進」、あの手を振って元気に歩くあの行進ですけど、それを連想するんですが、皆さんはどうでしょう？　ラジオ体操を連想される方もいらっしゃると思いますし、千二百十二を連想する方もいらっしゃるかもしれませんね。きっと私だったらあり得ない……って連想もあるかと思います。

日にち一つとってもいろいろですね。そのようにある出来事一つとっても、その捉え方やそこから派生する考え方もいろいろですね。そして、どれが正しくてどれが間違っている……ってこともないと私は思っています。そして、一つの出来事はそりゃ一つなんだろうけど、でもその捉え方の数ほど出来事の内容は一つじゃないって思っています。

例えば、よく耳にする「コップ半分のお水」。事実としては、コップの半分お水が入っている状態ですね。でも「コップ半分しか水が入っていない」と「コップ半分も水が入っている」は違うし、「水がコップに入れられている」や「コップの中が水で濡れている」というのもあっていいし、間違ってもいませんね。もしかすると「水とは限らない……コップに何かしらの液体が入っている」もあるかもしれません。ほーんといろいろです。

人が絡む出来事となると、人は複雑なので、その出来事の捉え方は本当に千差万別となるわけですが、その千差万別の中で大切なのは、どのように捉えるのが正しいか？間違っているか？じゃなくて、どのように捉えれば自分のためになるか？なんじゃないかな～と思っています。

例えば、会社の同僚二人が話をしていて笑っている……これを「自分のことが笑われている」と捉えると、その笑顔は馬鹿にしたような表情に見えてくるし、その後話しかけられなくなるし、疑心暗鬼になって他のいろんなことまでも馬鹿にされているように見えてきます。でもそれを「楽しそうだな」と捉えると、「ナニナニ～？」って話に加わるかもしれません。「仕事中におしゃべりしている」と捉えると、その二人の他のいろんな行動も不真面目に映って見えるかもしれませんね。今日の12／12という日も、「今年もあと20日しかない」と捉えると焦るかもしれないけど「今年もやーっと12／12まできた」と捉えると、安堵感もあるかもしれませんよね。こんな風に、日頃のいろんなことを自分はどう捉えているだろう……って注目して、頭の中に浮かんだそれを言葉にしてみることを続けてみると、結構自分の捉え方の特徴ってのが見えて興味深いですよ。

自分のことって何かとわからないものですよね。私は18・16・14歳の三人の子どもがいるんですけど、子どもたちに指摘されて気がつくことばっかりです。最近気がついたのが「ママって、子どもが帰ってきたらすぐご飯を食べさせなければいけないって思い込みが強いよね。だからそういうときはちょっとイライラしてるよね」ってことなんですね～。ドキっとしました。確かになるほど～で、私には「夕飯」っていうと「食べさせる」なんですね～。義務的な捉え方がそこにあるんですね。だからやたらとテキパキしちゃうんですね。そう気がつけばそれからは何かと気をつけようと意識します。他の捉え方も探したり。

そんな風に一つ一つその都度見てみて、そのときの自分が楽な捉え方……ためになる捉え方で生活していきたいものですね。「100人100色」今週はこのへんで。

2013/12/12

63　ストレスはなくても困る?

こんにちはー！　師走も中盤、お仕事もお忙しい中で忘年会も真っ盛り！　主婦業の方は大掃除の準備とか、何かと皆さんバタバタとした日常なんじゃないでしょうか？　学生さんはもうすぐ冬休みですね。冬休みというと、どこかへお出かけする方もいらっしゃるんじゃないでしょうか？

ということでフッと浮かんだのが、テーマパークなんですけど……特にその中でも絶叫マシーンなんですけどね。行ってみたりテレビで見たりしていつも思うことがあるんですが、それって「あ〜、ストレスって大事なんだよね」って。あれって怖いじゃないですか。私なんて見てるだけでもお尻のあたりがムズムズしちゃうんですけど、アレ究極のストレスですよね。心拍数も脈拍も血圧も上昇するし、筋肉は激しく収縮するし、つまりは人がストレスを受けたときの体のストレス反応が起こるわけです。私は怖がりなので近づくだけでそうなります。でも、好きな方はそれを好んでお金を払って並んででも乗るんですよね〜。好きな方にとってはストレス解消になるんでしょうけど、「ストレス解消のために、お金と時間を使ってストレスを味わう」って矛盾した行動だと思いませんか？　あっ、お化け屋敷もそうですね。バンジージャンプもそうですね。でも実は矛盾していないんです。

ストレスって悪者扱いされてますけど、無くても困るんです。ストレスを一言で言うと「緊張」なんですけど、それってある意味「生活のスパイス」として無いと困る、適度なストレスは人の成長のためにも無くてはならないものなんです。

ただ、それが大きかったり、ずーっとだったりすると、ストレス反応をつかさどる自律神経が元に戻らないで過剰に働いちゃうから、ストレスケアが必要なんですよ〜ってことで、ゼロがいいわけじゃ〜ないんですね〜。

でもストレスには「良いストレス」と「悪いストレス」があるんです。私にとってジェットコースターは死をも覚悟するくらいの悪いストレスなんですけど、好きな方にとっては良いストレスってなるように、人によって違うんですね。

仕事の締切とか発表とかノルマとかって、ストレスとなる人もいれば、励みになる人もいます。達成感中毒の人なんて、こういった緊張状態は大好物だし、慎重な人にとってはこういった緊張状態は悪いストレスとなるんでしょうね。ちなみに私は、大掃除しなきゃ、しなきゃって悪いストレスなんです。で、私の母は掃除をして綺麗になることでスッキリするのがたまらなく好き！という奇特な女性なんですね。だから大掃除で忙しくなるのは彼女にとっては良いストレスなんです。代わりに母はお料理を考えたり作ったりするのは悪いストレスなんですけど、私は好きなので良いストレスなんです。いや〜親子でバランス取れてますね〜。

ということで、師走のこの慌ただしい中、毎日バタバタと追われて、自分のストレスとか疲れとか感じる暇もない方もいらっしゃるかと思いますけど、ふっと今自分にとって何が良いストレスとなっているか？　あるいは悪いストレスとなっているか？　考えてみるのもいいかもしれません。そして年末までもうわずか、心身のバランスを崩さず素敵な大晦日、冬休みをお迎えください。「１００人１００色」今週はこのへんで。

2013/12/19

64　与えられているものを見る力

こんにちはー！　今年最後の「１００人１００色」になります。となるとですね～、やっぱりお伝えしたいことは「お礼」ですよね～。こうしてマイクに向かってお相手が見えない中でお話をさせてもらっていますけど、でも外で「ラジオ聴いたよ～」とかお声をかけていただいたり、「ラジオを聴いてお電話しました」なんてお客様からお電話をいただいたり、あるいはお客様が「ラジオ聴いています！」って仰ってくださったりして、ホントいろんな場面で励みになりました。聴いてくださっている皆様に心から感謝申し上げます。ありがとうございます。

そしてこの「有難いな～」って気持ち。これって漢字だと「有るのが難しい」って書きますよね。そう……当たり前じゃないんだよなってことです。だからこそ、それが与えられてうれしい、だから有難い、感謝なんですよね～。

この感謝の気持ちって人を支えると思うんです。そもそも自分が与えられているものが見えないと、感謝の気持ちって湧いてこないっていうか、感じないじゃないですか。よくね、子どもとか若年層の人たちに「感謝の気持ちを持て」とか「忘れるな」なんて言っている場面がありますけど、人に言われたからって感じるもんじゃないですよね。でも大切だからついそう言っちゃう。

それはどうして大切かというと、私はこう思うんです。生きていればいろいろありますし、いろいろ起こりますし、順風満帆なときもあれば、辛いときもあるのが自然です。辛いときって、無いものや無くなったもの、うまくいかないことばかりにどうしたって気持ちが向いちゃうじゃないですか。そんな中でも、与えられていることはたくさんあるし、変わっていないことも、うまくいっていることもたくさんあります。でも、見えなくなっちゃうんですけどね、私もそうです。だからこそ普段から「与えられているもの」に目を向ける習慣が、苦しいときもその人を支えることになるだろうって思うんですね。究極には「生きていること」これは当たり前のことじゃ～ないですよね。「次の日がくること」これも当たり前じゃ～ありません。「ご飯が食べられること」も「家族がいること」も、

「生きていくための仕事があること」も「友人がいること」も……もうキリがありませんけど、そういった「今の自分に与えられていること」を見ると、絶望の淵でも何かしら支えになるし、前を向いて進んでいけるんじゃないかな〜って。だから私は自分の子どもたちに、何も説教ぶって「感謝の気持ちをもちなさい！」って言ってるわけじゃなく、「与えられているものが見える力」、その力が人を支えるときがあると思っているのです。

こうしてそれについて話をしていると、今年も私は本当にいろんなことに恵まれていましたし、いろんな方々に支えられてきました。それは全然当然じゃ〜ない。有難いことです。有難いので、その気持ちを行動に変えてお返ししていけるよう進んでいこうと思います。皆さま、来年の「100人100色」もどうぞよろしくお願いします。

2013/12/26

65　目標は具体的な「行動」で

こんにちは〜！　2014年最初の「100人100色」です！　今年もどうぞよろしくお願いいたします！　さて、新しい年を迎えてお仕事も通常モードになってらっしゃる方も、年末年始もお仕事で遅いお休みをとってらっしゃる方も、子どもたちの冬休みが終わってご家庭も通常に戻ったお母様たちも、いろいろといらっしゃるかと思います。私は年中無休ということでお仕事をさせていただいておりますが、今回は緊急のお仕事もなく4日が初仕事でした。

年が新しくなりますと、どうしたって「今年はどんな年にしようかな・なるかな・なるといいな」って浮かぶじゃないですか～。皆さんもそうですよね。私はですね～今年の目標は「平和」なんです。目標が「平和」ってちょっと消極的かな？　でも平和ってなかなか難しいんですよ～。だから立派な目標になると思ってます。皆さんはどんな目標とか、期待をお持ちでしょうか？

「今年はどんな年にしたいですか？」って話題が上ると「いい年になるとい～な～」って超漠然としたものや「仕事を頑張りたい！」「勉強を頑張りたい！」っていうちょっと漠然としたものや「彼氏彼女を作る！」みたいなちょっと明確なものとか、いろいろあると思うんですけど、やっぱりそういった目標とか期待って、具体的であればあるほど実現の可能性が高くなりますよね。でもだからといって「何月何日にこれこれをして……」のように細かいのって、毎日そう簡単に予定通りにはいかないから、どうしたって無理が生じてズレていって計画倒れになりやすいですよね。じゃなくて、目標って具体的な行動として立てる……決めるといいと考えています。

例えば「いい年にする」っていうのだと漠然としているので、まずは「いい年とは具体的にどんな年か」を明確にしなきゃだし、そうなるために「何をするか」って視点が大切です。「健康的な年にする」だとしても、じゃ～そのためにする「行動」というと「散歩をする」とか「何回健康診断に行く」とか「禁煙する」とか色々ありますけど、こういった具体的な行動の基準を作るところまで落とし込まないと、なかなか流れちゃいますよね。「仕事頑張る」だってそうだし、「彼氏彼女を作る」もそうですけど、そのために具体的に何をしよう！ってのが大事ですね。

私は目標を「平和」としました。これって超漠然とした概念ですけど、自分の中では「自分が平和だな～と感じて生活していくために、具体的に何をする・しない」ってことが頭の中で明確になっています。そして自分の周囲も平和じゃないと難しいので、周囲の平和のために自分がしていきたいことも明確にしてるんですね。大した計画なんて全然ないんですけど、でも「具体的な行動」として明確になっていると、いつでもどこでもそれを意識していくことができますよね。皆さんはいかがでしょうか？　まだ漠然とされてらっしゃる方がいらっしゃいましたら、是非「行動」としての落とし込み、お勧めしたいです。皆様にとって、新しい年が「良い年」となりますように。「１００人１００色」今週はこのへんで。

2014/01/09

66　悪循環のパターンを壊す

こんにちは〜！　ちょっと前までは、会う人会う人に「明けましておめでとうございます」とか「今年もよろしくお願いします」なんて挨拶をしていたかと思ったら、もう新年モードも過ぎたことになりつつありますよね〜。皆さん「今年はこんな年にしよう」とか「今年は〜を頑張ろう」みたいに思っていたことは、初心を忘れず継続されてらっしゃる……かな？というところで、今週の「100人100色」はパターンについてお話させていただこうと思います。

例えば、禁煙とかダイエットとか、早寝早起きとか、ジョギングとか色々決めても決めても断念……って方いらっしゃいますよね。そういったことが重なると自信喪失されてご相談に見える方も時々いらっしゃるんですが、私はこういったことを繰り返す方って真面目な方が多いと思うんです。だってそもそも「繰り返す」ってことは、断念しても再チャレンジを繰り返しているってことじゃないですか。私は不真面目な方に傾いているので、最初からこういったチャレンジはしませんもん。で、真面目な方ほど決めた方法をきっちりと守ろうとされるんですね。だからそれができなくて何度も繰り返してる自分を責めてしまったりされちゃうんですね。そういったパターンを繰り返して悪循環になってるケースってとても多いんじゃないかな〜と感じています。

この悪循環のパターン……それを壊すための「もっと頑張る」とか「意志を強くもって頑張る」みたいな方法というのは、往々にしてさらに悪循環のパターンを強くしがちなんですね〜。

できてしまったパターンを崩して動きを持たせるためには、やっぱりそこに切れ目を入れて他の要素を入れなければいけませんね。じゃ〜どこに？何を？って話になると思うんですけど、気持ちとか意志とかそういったことはとりあえず棚に上げておいて〜、まずそのパターンにある「いつ、どこで、どのくらい」っていう事実を細かく見るんですね。どんなときにとか、何時にか、どの場所でとか、何が起こるとか、そのときの状況とか、どんな風にとか……そういったことを細かく見てみると、うまくいかないって漠然と感じている悪循環にパターンがあることがわかります。

それがわかると、そこのどこかに「別なことを入れる」んですね。例えば、割合を変えるとか、時間を変える、場所を変える、強さを変える、質を変える、順序を変える、パターンを逆転する……といったようにですね。

真面目な方ほど一度決めた通りに頑張ろうとなさったり、それがうまくいかなくても

「今度こそ!」って繰り返してしまいがちですが、案外適当に変更して他の要素を足したり引いたりする方が、悪循環って作られなくて、急がば回れでうまくいくかもしれませんね。「100人100色」今週はこのへんで。

2014/01/16

67 長所が短所に―結婚のパラドクス

こんにちはー! 今週の「100人100色」は「結婚のパラドクス」についてお話させていただきます。なんで突然この話?って感じですが、これをお話しよう、あれをお話しようというのは、事前に考えてるわけですが、ちょうどですね～この話をと思ったのが、年末年始家族が揃って一緒に長時間過ごすことが多かったからなんです。

ということで、よく「長所は短所」といわれますよね。長所も短所も時と場合によっては、さらに土地や国によっては全然違ってきます。年によっても性別によっても相手によっても、長所は短所になりうるし、短所は長所になりうるわけですが、それが強く出てるな～って感じるのは「結婚」なんですね～。

普段から何も言わない、子どもに対しても全然強く叱ってくれなくて頼りにならない、って愚痴や不満をお持ちのお母さんに、「世界中に何人も男性がいるというのに、なぜご主人と結婚を決められたんですか？」って質問をすると、「いつも優しいから」となります。結婚前はそれが魅力だったことが、結婚後には短所になるんですね〜。「しっかりした女性だから、家を安心して任せられると思って」というのだって、結婚後には「怖い妻」ってなるし、「細かいことにもよく気が付く女性」だったとすれば、結婚後は「細かいことまで口うるさい」って不満を持つとか。「ぐいぐい引っ張ってくれる男性」も、結婚後は「暴君で」ってなるわけです。結婚前に好きだったところが、結婚後には嫌いなところになる、これを「結婚のパラドクス」と言っています。もちろん全てが全てってわけではありませんが、「そう言われてみれば……」って観察してみると、結構当てはまるんじゃないでしょうか？

ということは相手は全然変わってはいないんです。今目の前にいるパートナーの、ときにイラッとしたり、気に入らないな〜と感じているそれって、かつて自分が好きだったあれなんですね〜。なんだか不思議なものですね。変わったのは自分？なのかもしれません。そんな視点で関わりを眺めてみると、最近イラッとしてギクシャクする関係も、ちょっと新婚の気分が戻ってくる……かもしれません。

結婚となると、どうしても子孫繁栄のために自分にないものを持っている相手を選ぶものです。ということは、自分の価値観とか考え方とか行動の仕方……いろんなことが自分とは違うっていうことが前提になってるってことなんですよね。だから、結婚のパラドクスが起こるのはむしろ自然なことです。

そこを越えて、お互いのいいところを見る努力の相互作用によって、自分の中に相手の、相手の中に自分の、良いところが取り入れられて人間的に成長していく過程がそこにあるんだろうな〜と感じます。でもそれは、結婚だけじゃなく、人間関係全般にいえることかもしれません。とはいえ、毎日毎日のこと、なかなか難しいですけどね。大切なことこそ、簡単じゃゃ〜ないものですよね。「100人100色」今週はこのへんで。

2014/01/23

68 呼び名を変えて関係を変える

こんにちは〜。1月最後の「100人100色」なんですが、毎度毎度本当にあっという間ですね〜。もう2月になるんですが、テレビでは今年のスギ花粉は例年より少ないって言ってましたね。早いところでは2月からみたいで、まだまだ寒いですけれども、春もあっという間に来るんだな〜って感じます。春は待ち遠しいけど、花粉はイヤ……どんな季節でも小さな葛藤がありますね〜。そんな今週の「100人100色」は、呼び名と関係についてお話させていただきます。

名前は一つしか持ってなくても、その人の呼び名というのはいろいろありますよね〜。例えば私「服部織江」ですけれども、普通に服部さんとか、織江さんとかの他に、母親ですから「ママ」もありますし、「〜ちゃんママ」って呼ばれることもあります。そして私にも両親がいますので「織江」っていうのもありますよね。その他には「服部ちゃん」「織江ちゃん」とか、ニックネームだと「おっぺ」とか「オリリン」とか、ま〜この年になって図々しい感じもしますけど、親しい友達にはそう呼ばれたりしてます。まだありますよ〜！ってのはお仕事柄「先生」というのもあります。会社にお勤めの方なんかですと、役職名で呼ばれることもありますよね。ホント一つの名前でもたくさん呼び名ってありますよね〜。

その呼び名ですけれども、考えてみると「呼ぶ人」と「呼ばれる人」の関係性を表していることがわかりますよね。そしてもう一つ、呼ばれ方の数はその人の持つ役割の数も表していますよね。皆さんはどうですか？

逆に、呼び方が関係性を表しているんだったら、呼び方から関係を変えることも可能な場合があるなと思っています。例えば子育てなんてまさしくですよね〜。小さいときは〜

ちゃんって呼んでいたのを、ある程度大きくなってくると名前で呼ぶとか、ママって呼んでいたのをお母さんに変えるとかって珍しくないですよね。

関係に変化が起きると自然とその呼び名も変わっていきます。例えば「～さん」って呼んでいたのが、親しくなってくると「～ちゃん」「～君」に変わるとか、苗字で呼んでいたのが下の名前で呼ぶようになったり。でも関係に変化が起きていつの間にか呼び名が変わってくるのを待つんじゃなくて、自分から意図的に変えることで関係が変わることもあるってことで、最近もっと親しくなりたいなという人や、逆に最近マンネリになってるなって関係と、あと最近何だかギクシャクしてるなっていうときには、呼び名を変えてみるっていうのも、いいかもしれません。「100人100色」今週はこのへんで。

2014/01/30

69　句読点がズレたトラブル

こんにちは！　2月ですね～。ぽちぽちと暖かい日が増えてきて、そんな日は気持ちもなんだか春めいて清々しい感じがしますが、でもインフルエンザとかこの時期流行る病気もまだまだ怖いですね～。私は娘が早々にB型になったんですが、幸い家族には移らず逃げ切ってます。でも学校でも流行ってるし気が抜けませんね。

さて今週の「100人100色」は、コミュニケーションのパンクチュエーションについてお話させていただきます。パンクチュエーションって何か舌をかみそうですけど、句読点って意味なんですが、ここでのパンクチュエーションというのは、物事のつながりに句読点を付けるっていう考え方のことなんですね。

物事って、何かの原因があって結果がある、そしてその結果が何かの原因となって結果がある、そしてその結果が……となってるじゃないですか。つながってるんですよね〜。だから、それにどこでパンクチュエーションを入れるか、要はどこで切るか、によって物事の意味が違ってくるってことなんです。これは、何気ない物事一つ、いや何気なくない事一つとっても、その見方はいろいろ存在してるんだということを意味しています。

複数の人がコミュニケーションをしている場面で、何かトラブルが起きるときって、大抵このパンクチュエーションのズレが原因になってる場合が多いんですね。例えば、子どもがご飯を食べないとしましょう。お母さんにとっては「子どもがご飯を食べないから、食べなさいと叱る」んですけど、子どもにとっては「お母さんが叱るから食べない」みたいな。勉強でも同じような場面って多いですよね〜。これって、同じ物事なんですけど、お互いにパンクチュエーションがズレてますよね。だから物事の意味がお互いに全然違ってるんです。だからお話にならないわけです。物事を同じ句読点で切り取った枠の中で話をしないと、堂々巡りになっちゃいますよね〜。

家族間のコミュニケーションとか会社の会議とかで、話がトラブッてる?というときに、それぞれが連続している物事のどこからどこまでの話をしているのか? どこに句読点があっての話し合いなのか? ちょっと意識して見てみるのも、面白いかもしれません。

「100人100色」今週はこのへんで。

2014/02/06

70 不安は先に言ったもん勝ち!

こんにちは! 明日はバレンタインデーですね。私が中高生だったころは、バレンタインデーにチョコレートを渡すというのは付き合ってる彼にだったり、片思いの男の子に告白するときに渡すもの……みたいな感じで、こうドキドキしたり緊張したりってイベントだったんですけど、今はいろんなバレンタインデーの形がありますよね〜。あまりにも広い意味合いになってきてると、今は逆に本気を伝えにくいってのもあるのかな〜な〜んて、もう私には用もないことなのにちょっと思ったりしました。

好きな人とか大事な相手には、嫌われたくないっていうか、変なところを見せたくないとか、失敗したくないとか……って気持ちありますよね。だからそこから「～って思われたらどうしよう」とか「～ってバレて馬鹿にされたらどうしよう」とか、いろいろ不安になったり緊張したりするんですよね。そうなる対象者が多かったり、場面が多かったり、不安緊張が強かったりすると生活に支障をきたすことにもなってきます。ということで、今週はそういった対人不安の場面でのちょっとした工夫についてお話しようと思います。といっても、それって一言で言うと「先に言ったもん勝ち」ってことなんです。

例えば、急に太ったから人に会いたくないな……ってときに頭の中には「うわーあの人太ったな～って思われるんじゃないか？」とか「太ったから悪く思われるんじゃないか？」とかって不安があるわけですよね。でも、相手が本当にどう思うか？考えるか？ってのはわからないんです。例えばそれを正面切って質問したとして、それに答えてくれたとしても、その答えが本当かどうか？本心かどうか？というのも、確かめようがありません。「～って思われるんじゃないか」や「～って思われたらどうしよう」のような不安っていうのは、そもそも最初から答えのない意味のない問いなんです。だったら！こっちから先にそれを言っちゃった方がいいですよってことなんです。

人前で話をするときに緊張で声が震えちゃうかもしれない……それが心配で余計に震え

ちゃうかも……ってときでも、声が震えながら話をしている人に対して、それを指摘する人もいないので「笑われてるんじゃないか……」とかって思いますよね。だから最初から「緊張症なので、声が震えちゃうかもしれませんが、気にせず聞いてください」って宣言しとくんです。自覚がある正直者には世の中は優しいので、逆に声が震えても応援する気持ちになってくれるんですね。自分は人前で意見を言うときに緊張して話がまとまらないってことで相手にどう思われるか心配で余計に緊張するってときでも、自分から予め「私は緊張すると話がまとまらなくなるんですが」って前置きして話すとか、とにかく心配なことは先に宣言しておくことで、不安緊張から少し解放されることがあります。「〜って思われるんじゃないか」ってことは、先に自分から「〜って思われるかもしれないんですけど」って前置きしたり、宣言しておくこと、これが対人場面でも不安や緊張に役に立つ工夫なんです。

どうでしょう……小さなことでも今度ちょっと試してみませんか？「１００人１００色」今週はこのへんで。

2014/02/13

71　意味は人それぞれだからこそ

こんにちは！　花粉症の時期がやってきますね～。私もあるんですけど、でも鼻水がグジュグジュする程度なんで、まだ軽いのかな～って。酷い人は目が痒《かゆ》くて仕方なかったり、味がわからなくなるとかホント気の毒っていうか厄介ですよね～。そんなにひどくない私でも、やっぱり花粉の時期は軽い風邪をひいているようなサッパリしない気だるさを感じたりして、当然気分もすぐれないってあります。

気分がすぐれないといえば、よくですね、こう頻繁に人に対してイライラしたり、理解できないって腹が立ったりして、常に不機嫌で、そんな自分が嫌でイライラしたり自己嫌悪になったり……ってことでお困りの方っていらっしゃるんですよね。私はある意味、そういう方っていうのは優しい人なんだな～って感じるんです。自分と相手が同じでいてほしいし、同じだと思いたいからこそなんだろうな～って。人は人ってキッパリ割り切ってるとそもそも腹も立ちませんものね。

でも事実、人は人、ですよね。どうしたって同じじゃ～ない。存在そのものはもちろんのこと、同じ事実や現実に対してだって、それぞれ見方や捉え方が違うし、それによってそれをどう意味付けしているかによっても、言うこともやることも考えることもぜーんぜん違います。

芥川龍之介の「藪の中」ってお話はご存じでしょうか？　ある殺人事件で、登場人物それぞれの証言が違うことで、真相を捉えることが難しくなっているお話なんですね。そこから、真相が迷宮となることを「藪の中」って言葉で例えるようになりました。それをもとに黒澤明監督が「羅生門」で映画化しましたが、欧米でも視点の斬新さとともに高い評価を受けて、「羅生門ファクト」っていう用語まで作られました。「現実はそれを語る人の中で作られ、唯一の真実として語られることは、それぞれの立場によって異なるものである」っていう視点なんですね。当然その立場によって違う現実の持つ意味も、それぞれによって全然違うわけです。私はこの考え方、とても好きなんですね〜。だからそもそもそれだけ違うんだから、だったらそれを知りたいし、もし同じだと互いが同意したり共感したりできる瞬間があれば、むしろそれは有難いわけです。

違って当然、だからこそ同じことがあればうれしいっていうのはどうでしょう？　そういった目線で人といると、それほど相手にイライラもガッカリも腹が立つことも少なくなる……かなっ。「100人100色」今週はこのへんで。

2014/02/20

72 コミュニケーションは「振る舞い」

こんにちはー！　今月は2月なので他の月よりちょっと少ない分、一層あっという間に感じますが、それでも今月は大雪が降ったりしましたし、例年よりホント寒かったですよね～。だから、明日で2月も終わり？　あっという間～と感じつつ、冬が長いような気もしましたが、皆さんはいかがでしょうか？

今日の「100人100色」は、コミュニケーションの公理についてちょっとお話しようと思います。よくね、良くしゃべるとか弁が立つとか……そういった人いるじゃないですか。そういう人ってたくさんコミュニケーションしている……って感じるじゃないですか。おしゃべりが得意じゃない方とか、大人しい方は特にそういった方と比べて自分はコミュニケーションできてない……みたいに感じてらっしゃったりするんじゃないかな～って思うんですけれども、実はそうでもないんですね～。

人間のコミュニケーションには五つの公理がありましてね、全部はここでは時間がないので省きますけれども、その一つにですね「人はコミュニケーションしないでいることができない」っていうのがあるんです。しゃべらなくても、人の全ての振る舞いはコミュニケーションになっている、ってことなんですね。黙っていても、黙っているという振る舞いは、受け手にとって何かしらのメッセージとして伝わります。メッセージを持つということはコミュニケーションになっているということですね。

面白いのは、そこに居なくても……例えばある会に「欠席している」という場合においても、何らかのメッセージとなるので、その振る舞いはコミュニケーションとなっている……このように、どうしてもコミュニケーションしちゃってるんですね。たくさん意見を言うとかしゃべるとか、そういったことがコミュニケーションじゃなくて、コミュニケーションって「振る舞い」のことなんです。

よく「人は見た目が」なんて言われますけれども、振る舞いも見てわかる、感じることですから、納得がいきませんか？　雄弁に意見が言えなくたって、おしゃべりがうまくなくたって、コミュニケーションが下手ってわけじゃないんじゃないかな～って思うんです。やっぱり「その人」を表すのっていうのは「何をどうしゃべるか」って内容じゃなくて、その人の「振る舞い」なんじゃないかな～って。

何もしゃべれなくても、にっこりしながら人の話をちゃんと聞いているとか、真剣に聞いている表情とか、頷きとか、……逆に自分はそうは思わないって時は首を傾げたり、俯いたり……言葉がなくてもちゃーんとコミュニケーションしてますよね。

「何を言うか」よりも「振る舞い」……大切だな〜って思います。「100人100色」今週はこのへんで。

2014/02/27

73 頑張っていいのはどこからか？

こんにちはー！　３月と言えば、年度の終わりですよね〜。これから環境が変わるって方もいらっしゃったりして、新たなスタートを前にした方もいらっしゃるかと思います。もしかすると……精神的な病で学校や職場をお休みになって、再スタートをって方もいらっしゃるかな〜っと思って、今日は「思い切り頑張っても大丈夫なのは、どこからなのか？」ってことについて、お話しようと思います。

頑張りすぎて……我慢し過ぎて病気に……とか症状に……という経験を持つと、どうしたって思い切り頑張ることに不安になるし、以前のようになりたくないから慎重になることって自然だと思うんですよね。だからって、ずっと慎重でいるのも常に不安が付きまとって生き生きできませんよね。それに「無理をする」のと「頑張る」の線引きが分からなくなっちゃいますよね。「どこまでやって大丈夫なのか？」、そういったことってあると思うんです。一応の指標があるとそんな不安も少しは減るかな？

ということで、まず一つに「仕事とか学校とか、そういったことが終わったときに、日常生活で充実感が感じられる……とまではいかなくても、終わった感が感じられること」。次には「精神的な余裕の表れとして、好奇心が湧くこと」。最後に「心身の状態が悪かったときに得た健康法としての生活部分が実現できていること」。まずはこの三つがあれば安心して頑張っちゃっていいんじゃないかな〜って思います。

でもこれって逆に、普段の生活でも、こういったことが失われている状態だとすると、ちょっと休養とか休憩が必要になってくるな……って指標にもなりますよね。頑張るときと休むとき……強弱つけながら、春めいた温かい日差しの中、ワクワク心躍らせて新しいスタートに向かいたいものですね。「１００人１００色」今週はこのへんで。

2014/03/06

74　若い娘のダイエットに不安

こんにちはー！　徐々に暖かくなってくると、春物の洋服とか色も明るくて、軽くて女性はウキウキしてきません？　と同時に、薄着にもなってくるから、体中の余ってるもろもろのお肉も気になってきたりしますよね～って私だけでしょうか？

冬の間に気を抜いた分、この頃からダイエットを始める方も多いんじゃないでしょうか？　私はズボラさんなので、ダイエットってそもそも成功するハズがないってことで、したことがないんですね。だって、ダイエットってそんなに簡単に成功しないからこそ、ダイエット産業がこれほど世の中にあふれてるんだと思うんです。やっぱり意志が強かったり真面目だったり、よほどの動機がないと「理想の体」って難しいですよね～。近年は痩せ賞賛文化ですから、若い女性はホント細い人が多いですよね～。雑誌なんて見ても、モデルさんの細いこと。昔は摂食障害って言葉も一部の人にしか認知がなかったですけど、今では結構耳にするようになってますね……っていうのも、いっときはアメリカでは社会問題になりましたから、日本でも文化の流れなのかな～って思います。

職業柄、若い女の子が「ダイエット始めたんだ～」って言うのを聞くと、ドキッとしちゃうんですね。特に真面目で頑張り屋さんの子だったりするとなおさら。人間って、食べることって基本じゃないですか～。テレビをつけても必ず食べ物の番組があるくらい、食べることって楽しいことなんですよね。美味しいものを食べてるときって、幸せホルモンも出てるんです。だから一番食べたい頃の若い子がそれを我慢するっていうのは、私のような44歳のオバハンのそれよりよっぽど大きなことなんですよね。で、生活の中で食べることで満たされる諸々がない状態で、それを満たすのが体重計の数字だけになっていくって、とっても精神的に危険な状態なんです。私のように適当だったら、そこまでいくまでにとっとと離脱しちゃうからいいんですけど、真面目で頑張り屋さんだったりすると、危険を孕んでるんですよね。大人の健康のためのダイエット……そういった意味でのメディアとか商品とか……そういった情報の氾濫も、どんどん若年層に影響を与えているってことも社会は問題視してほしいな~って感じています。あと、「美魔女」って言葉に代表されるような若作り……女性がいつまでも美しくいようとすることは素晴らしいとは思うんですけど、どこかそこに若さへの賞賛があるようで、私としては不満なんですよね~。

細いことと、若いこと、それだけが人の魅力じゃないって社会となるといいな~って。

摂食障害が増加の一途なので、今日はこんなお話をさせていただきましたが、ま~だからといって、私のように開き直ってもいけないんでしょうけどね。「100人100色」今週はこのへんで。

2014/03/13

75　コントロールできれば問題ない

こんにちはー！　突然ですけど、誰かが私のことを「ねえ、服部さんってどんな人？」って聞いたときに「普通の人だよ」って言われたら、それはとっても不名誉なことだと思ってます。じゃないですか？　皆さんはどうでしょう？　嫌じゃないですか？　でも「普通」であることに憧れる人もいるんですよね〜。それはきっと「普通」って平和を象徴してるからかな〜って思ってます。だから普通の人にと望んでる人って、きっと平和が脅かされてるとか、自分が持つ特性のせいで不安や緊張の中に長くいらっしゃる方なんだろうな〜って。

でも私「正しい人」とか「普通の人」っていないと思ってるんです。なのに結構会話の端々で「あの人、普通じゃないよね」とか「おかしいんだよ」とか聞こえますよね。だからなんか普通じゃなくちゃ変なような、ダメなような気がしてしまう……。でも、普通の人っていないじゃないですか。どうでしょう？

私は仕事柄、普通じゃない自分というものに苦しんでらっしゃる方々とお会いすることが多いのですが、そもそも普通じゃないって当たり前のことだと思ってらっしゃらないんですよね。誰だって普通じゃない。じゃあ何が問題となってるのか？　全ては「コントロール」なんですね。自分が自分でコントロールできると認識しているか？していないか？コントロール不能になっていると感じたときに、それは相当な危機感をもって「普通じゃない」ということが問題になるんだと思います。

例えば、いろんなものや事柄や人への依存だって、全部がダメだってんじゃなくて、それを必要に応じて抑えることができれば何も問題はないわけで、摂食行動にしたってそうですね。不安や緊張だって、誰でもします。でもそれが必要に応じてコントロールできなくなると困るし怖いですよね。怒りもそうですね。誰だって腹が立つことありますもの。ちょっと人には言いづらいような性癖とか、欲望とかっていうのも人それぞれですからあると思います。頭の中にあらぬ妄想が……これだって浮かぶこともあるでしょう。子どものことを愛していたって、憎たらしく感じることもあるでしょう。人を殺したい！って本気で思うことだってあるかもしれません。親を憎んでいる人もいるでしょう。いつか会社に火を付けてやりたい……って思いながら仕事をしている人だっているかもしれません。挙げるとキリがありませんが、そういうのって自然だと思うんです。頭の中にあること……起こっていることに正しいも間違っているもないし、異常も普通もないです。そんなの人それぞれ自由ですよね。

でも、抑制がきかなくなる……自分でコントロールできなくなって行動化してしまう……となって初めて「問題行動」となるんですよね。

どんな自分でもいいんです。普通でいようとすることには何も意味がありません。いろんな自分をどうコントロールしていくか、そのための自分なりの工夫を積み重ねて生きている、生きていく、そこに大きな意味があるんじゃないかな〜って思います。誰だって普通じゃない……もし自分だけは普通だと思ってる人がいるとしたら、それこそ普通じゃないって思います。「100人100色」今週はこのへんで。

2014/03/20

76 変わらないものは何もない

こんにちはー！　3月ももうすぐ終わりですね。長らくお話させていただいたこの「100人100色」も、4月からは番組が新たになるということで、来週が最後になります。

この時期はそういう時期……もうすぐ新しいスタートを！という方が大勢いらっしゃると思います。でも中にはそんな雰囲気の中、例えば心身のご病気やいろんな事情でスタートをきれない方……もいらっしゃるんですよね。先が見えない……って状況の方もいらっしゃるかと思います。そういった状況の中、今ベッドでこの放送を聞いてらっしゃる方もいらっしゃるかもしれません。

そういった方にとっては、年末年始やクリスマス、夏のお祭りや花火……だけでなく、この春の時期も深いため息を繰り返したくもなる時期ですよね。先が見えない……いつになれば……って思いながら、周囲のにぎわいが一層華やかに感じて、惨めさに苦しんだり、絶望したり、自暴自棄になったり、無気力になったり……の繰り返しの毎日……朝目が覚めた時に、ずっと寝ていたかった……また1日が始まっちゃった……そういった方もいらっしゃるかもしれません。私も長く生きてますと、大なり小なりそういう時期もありました。

そういうときって、それが長く続けば続くほど、どんどん希望が見えなくなってきますよね。ポジティブ、ポジティブと言われてますけど、人間そう長くポジティブになんていられませんよね。そう思えたときももちろんあったかと思います。でも長い間辛いと無理です。そんなに人は鈍感じゃ～ありません。

そして「どうなればいいのか?」っていう自分が欲しがってるものもわからなくなってきます。そうなると、ちょっとした良いこととか変わったことにも全然気がつかなくなって、嫌なこととか辛いこととか、全然変わってない現状にばっかり目が向くんですよね。これって自然だと思います。

でもそれでもやっぱり時間って流れてる……カチッカチッって進んでる……自分の周り

だけが進んでいて、自分の時間は止まっているように感じても、やっぱり自分の時間も進んでます。

時間が進んでる以上、変わらないものは何もありません。見えなくなってるだけで、先週と昨日と同じ今なんてないんですよね〜。前月より先週より昨日より良かったこと、マシだったこと……あるいは変わらなくキープできてること……小さなことかもしれませんがたくさんあります！　って言うと「そんなのないさ」って思う方もいらっしゃるかもしれません。でもだったら私は「ないって思ってるのに、それでも毎日耐え忍んでやり過ごされてる」という事実は尊敬に値すると思います。

時間は進んでる以上変わらないものは何もありません……今もこれからも変わるんです。今日と違った明日があるし、今日よりマシな明日も……きっと！「１００人１００色」今週はこの辺で。

2014/03/27

77　「石」ひとつで

こんにちはー！　来週から番組が春の模様替え……ということで、１年半ほどお世話になりましたこの「100人100色」も今日の放送で最後を迎えることとなりました。数えてみるとですね……今日で77回目、色んなテーマでお話をさせていただきました。私としては、顔の見えないたまたま聴いてくださったリスナーの皆様に、ちょっとでも微かでもお役に立てるような……何かのキッカケになれるような……ってことを心がけてお話させていただいて参りましたが、その都度思いつきで毎回バラバラなテーマにもかかわらず、聞いてくださった方々へは本当に感謝です。

今回は最後だし……何をお話させていただこうかな……って力を入れて考えたんですが、そうなると全然思いつかないんですよね～。ってことで「100人100色」のお話をいただいた時を振り返って……っていう、もしかして誰も興味がないかもしれない自分の話をさせていただきます。

突然ですが！　振り返ると連想したのが「石」だったんですね～。石って岩の小さいののことです。歩いていると足元に石が落ちてた……それをそのまま通り過ぎるのと、拾って道端によけるのと……そうした本当に小さなことでもその先の大きな分岐点になってるんですよね～。例えば石を拾ったことで落ちていたガラスで指をちょっと切っちゃって……コンビニで絆創膏《ばんそうこう》を買ったことで待ち合わせの時間に遅れちゃって……その約束が次回になっちゃったことでガッカリしていたら、偶然空いたその時間にうれしいお誘いの電話が入って、行ってみたらその人の他に初対面の人も来てきて知り合いになれたことで大きな仕事の話が舞い込んできた……とか。石に気がつかないってこともあるし、石につまずいて転んじゃって捻挫して最悪ーって思ってたところに、そこに知り合いが通り過ぎて助けて病院に連れていってくれた。数日後お礼に食事をご馳走しようと電話したら、ホームパーティするからおいでって言われて、そこで色んな人と知り合いになれた……とか……って少々細かくなっちゃいましたが、要するに人生はどこでどんなキッカケがあるかわからないっていう大きなあるいは小さな選択でできているんだな〜ってことなんです。

ラジオのお話に「はい！させていただきます」ってお返事をしたことで気がついたいろいろなこと……新しい出会い……広がったこと……いろいろありました。「やってみよう」と選択したことで別れてできた新しい道から、いろんなことに出会いました。大きな選択ではありませんでしたが、別に何か大きなことが起きたり、しようとしたりしなくても……何も変わらないように思える日常であっても、必ず何かのキッカケがあるし、必ず変化してるし、たとえ一見悪いことのように感じることでさえ、無駄なものは一つもない……と思っています。

そして、自分も誰かの「石」となって、誰かのキッカケとなる人でいられるよう、これからもコツコツ頑張っていこうと思っています。長い間、聴いてくださっていた皆様、本当にありがとうございました。たくさんのキッカケとともに、皆様に大きな変化が訪れ続けますように。「100人100色」最後はこのへんで。

2014/04/03

おわりに

いかがでしたでしょうか？　ラジオは言うなれば「言いっ放し」。でも改めてこうして活字となると訂正したいこともチラホラで冷や汗タラタラでございましたが、放送されたそのままを載せさせていただきました。その正直さに免じて、数々の「えっ？」はお許しいただけると有難いです。

この本の出版を通じ、地域が抱える現実問題に積極的にコミットする地域感覚のあるメンタルヘルスの専門家として、これからも地域で泳ぐべく精進して参ろうと思っております。そしてどこかで皆様にお会いできることを楽しみにしております！

平成26年9月吉日

服部織江

Profile

1969年札幌生まれ
航空会社のグランドホステスを勤め、結婚を期に退職し、静岡県に移り住む。その後アウトリーチ専門の心理療法家として「元気の種」を開業。
「周囲を置き去りにしないメンタルヘルス・サービス」をモットーに「ニーズの重視」「ゴールの明確化」の姿勢を遵守し、個人臨床だけでなく、親子、ご夫婦、ご家族、組織へも提供。また「今とこれから」に焦点を当て「変化・解決を構築」するブリーフセラピストの持つ様々な引き出しから、メンタルヘルスだけでなく、変化を起こす視点やコミュニケーションの様々な研修やセミナーを実施。「みんなが元気で共に発展していく良好な組織体系作りを！」を目標に、組織へのメンタルヘルス・サービスを推進・実践中。

【所属】
日本ブリーフサイコセラピー学会
日本カウンセラー協会認定カウンセラー
【社会活動】

平成20～22年	三島市男女共同参画推進プラン会議委員
平成21～22年	三島市立山田小学校 PTA 会長
平成23年～ 現	三島市男女共同参画推進委員
平成23年～ 現	三島市個人情報保護審議会委員
平成23～24年	三島市 PTA 連絡協議会副会長
平成24～25年	静岡県男女共同参画会議委員

服部　織江（はっとり　おりえ）

メンタルヘルス・トータルサービス
「元気の種」代表
ブリーフセラピスト

著者は現在下記にて、個人・ご家族・企業へのご相談から心理療法、研修に至るまでのメンタルヘルス全般のサービスを行っています。
お困りの方や、お困りのケースをお持ちの方、または研修や講演、勉強会をご希望の方は、下記までご連絡ください。

メンタルヘルス・トータルサービス　元気の種

代表　服部織江

Genki-no.tane@genkinotane.jp
http://genkinotane.jp/

【参考文献】

森俊夫「問題行動の意味にこだわるより解決志向で行こう」(2001　ほんの森出版)、P.ワッラウィック、J.ウイークランド、R.フィッシュ(長谷川啓三訳)「変化の原理　問題の形成と解決」(1992　法政大学出版局)、森俊夫、黒沢幸子「解決志向ブリーフセラピー」(2004　ほんの森出版)、神田橋條治「精神科養生のコツ改訂」(2009　岩崎学術出版社)、黒沢幸子「反抗期を楽しく」(2010　朝日新聞連載)、東豊「家族療法の秘訣」(2010　日本評論社)、若島孔分編著「脱学習のブリーフセラピー」(2004　金子書房)、イブ・リプチック(宮田敬一・窪田文子・河野梨香監訳)「ブリーフセラピーの技法を越えて」(2010　金剛出版)、American Psychiatric Association(米国精神医学会)(高橋三郎・大野裕・柴矢俊幸訳)「DSM-IV-TR　精神疾患の分類と診断の手引」(新訂版)(2003　医学書院)、ピーター・デイヤング、インスー・キム・バーグ(玉真慎子、住谷祐子監訳)「解決のための面接技法:ソリューション・フォーカスト・アプローチの手引き」(1998)、水谷仁編集「ニュートン別冊　脳と心:脳の最新科学、そして心との関係」(2010　ニュートンプレス)、Paul Watzlawick, Janet Beavin Bavelas, Don.D.Jackson(山本和郎監訳、尾川丈一訳)「人間コミュニケーションの語用論:相互作用パターン、病理とパラドックスの研究」(1998　二瓶社)、長谷川啓三「ソリューションバンク:ブリーフセラピーの哲学と新展開」(2005　金子書房)

100人100色
心の病と呼ばないで

*

2014年9月3日　初版発行

著者・発行者/服部織江

発売元/静岡新聞社

〒422-8033　静岡市駿河区登呂3-1-1

電話　054-284-1666

印刷・製本/藤原印刷

*

ISBN978-4-7838-9881-8 C0011